回想

自主協同学習による
アクティブ・ラーニングの開発

髙旗 正人
Takahata Masato
著

ふくろう出版

序　文

　自主協同学習論を自説として発言し始めたのは、昭和43年頃からである。学部4年生で2カ月の教育実習の間に見た指導者のモデル授業は、学部の講義で習ったデューイではなく、その前世代のヘルバルト・チラー・ラインの教授法であった。民主的な社会を造る教育には、ヘルバルト派の5段階教授法ではなくて、学習者が主体となるデューイ流の児童中心主義の問題解決学習が適合すると大学では教授されたと思っていた。それが、同じ教育学部の附属小学校では、堂々と旧態依然とした教授パラダイムが指導される。一体これはどうしたことなのだろうか。

　昭和36年広島大学大学院に進学して、研究室の共同研究として訪れた広島県加茂川中学校の授業に衝撃を受けた。この中学校の学習形態は、当時とすれば変わっており、まさに生徒中心の授業であった。この時私は、この授業であれば、日本を民主化でき、そのような社会を築いていく子どもたちを育てる学校教育として機能するのではないか、と希望が湧いた。

　加茂川中学校では授業やその他のすべての活動が、生徒たちの熱気にあふれる自発性と集団思考によって展開した。共同研究に参加している大学院生の中にはこのような授業をあまり評価せず、半ば批判的に見る者が少なくなかった。大学院生は教職の免許状は持っていたかも知れないけれども、教員養成を主たる目的とする教員養成学部の出身者ばかりではなかった。私は、学部4年生の実習で体験した教師中心の一斉教授法に対して、この加茂川中学校の授業は、一種のパラダイム転換であると確信した。この授業は、後に末吉悌次・信川実編著『自発協同学習』と命名されて黎明書房から出版され公にされた。

　以来、自主協同学習の理論的考察と教育現場、主として幼小中への導入に参加し試行錯誤を繰り返した。1981年、明治図書出版より私の編著で『講座自主協同学習　全三巻』を出版するまで、この試行錯誤は続いた。もちろんそれ以降も修正や理論的補完は続くが、この出版は私にとって一つの大きな

区切りとなった。現場の先生方は、本書と私の直接的な授業研究への参画とによって、自主協同学習は現場に導入できる、と自信を持つことができるようになった。加茂川中学校の授業を見てから、実に20年という歳月が経過していた。

 1985年4月この三巻本を携えて私は滋賀大学から岡山大学に転勤した。現場に招かれて授業改善研究のお手伝いをするようになったのは、昭和43年が最初であったと思う。それも、最初に私に声をかけられたのは、他ならぬ広島県竹原市の加茂川中学校である。広島大学助手（教育学部）3年目、私は、教育社会学研究室所属から幼年教育研究施設に配置換えになっていた。そこへ、加茂川中学校より電話があり、施設長の柴谷久雄教授の許可を得て、出かけた。最初にこの中学校を訪問して、わずか7年ほどしか経っていないのに、先生方は、校長はじめ全員新しい人たちであった。もう一度、「自発協同学習」を始めたいのだとのことであった。それをお手伝いするには、私はまだ未熟であった。二度ほど学校から要請を受けて加茂川中学校を訪問はしたが、さしたるお手伝いもできないままに、私は、力不足を痛感しながら昭和44年の4月、滋賀大学に転勤した。

 他方で、自主協同学習を開発導入しようと精力的に取り組んでいた岡山県北の勝田郡（当時）勝央中学校に年に1回、出かけては、その変貌ぶりを目にしながら、私の観点からのコメントを加えた。この学校の凄さは、私のような若造が言ったことでも真正面から受け止めて、次の授業に生かそうとされたことである。この中学校には岡山大学時代の同級生の高橋典男君が若き研究主任として研究の中心にいた。私が自由な発言ができたのはそのような幸運があったことによる、と思っている。勝央中学校は、加茂川中学校の姉妹校となっていた鳥取県の河北中学校からヒントを得て、自主協同学習の自校での開発に取り組んだ。私の自主協同学習の開発と検証はここから本格的に始まる。

 本書の回想は、また、ここから始まる。そして、この回想は、お世話になった教育現場の方々への心からの御礼を申しあげるためにまとめようとするも

のである。現場の先生方の協力なくして私の自主協同学習論はでき上がることはなかった。

　さらに、残された多くの大きな課題がある。力不足で解決できなかったそれらにも触れ文部科学省主導でアクティブラーニングが強調されだした教育現場で、自主協同学習が、さらに完成された「教授パラダイム」から「学習パラダイム」への転換を導く実践方法として完成することを願う。

　本書の記述は、系統性を欠くものである。文章を作成する手がかりについて、誰が言ったかが、定かには思い出せないが、薄暗い井戸の中を時々鱗を光らせて小魚が泳いでいる。それを捕まえては、観察分析し、つなぎ合わせるような作業で、作り上げた書籍である。普通はうまくつなぎ合わせて章・節・項に組み合わせて本にするが、本書は、頭に浮かぶままに、多くの先生方や多くの学校との交流をまとめた。記憶の中でややまとまりのある事柄を捉えては書き綴ってみた。課題別とか学校段階別とか時間軸とかで整理し章・節・項に編みたかったが、体力が続きそうになかったのであきらめた。そのために大変読みにくいものになったと思う。

　さらに本書では、具体的な先生方のお名前を本人にお断りもしないで実名でそのまま書かせていただいた。本来はいちいちお断りすべきであることは承知しているが、すでに、鬼籍に入っておられる方もあり、現住所を探し出して承認をいただくためのエネルギーがすでに不足してしまっている。失礼の段、お許しいただきたい。

　本書は一体どういうスタンスで読めばよいのか。もし仮に、読んでくださる方がいるとすれば、ついそういう疑問を持たれるにちがいない。本書は、強いて言えば「エピソード・アプローチ」である。一つのエピソードによって一章一節ずつの読み切りと考えて欲しい。短いのもあれば長いのもある。そして、別のエピソードから発するけれど内容の重複もある。ご容赦いただきたい。本書が私の自主協同学習論にかかわってくださった先生方への感謝の気持ちが伝わることになれば本書を作った甲斐があったというものであ

自主協同学習論はまだまだ未熟であり、問題点がいくらでも出てくる。新しい社会学や行動諸科学の方法論を取り入れながら、新しいアプローチでこの「学習パラダイム」の授業論がさらに、改革されることを切に希望する。

　学習指導過程研究に社会学的アプローチの必要性を指導してくださった故末吉悌次先生、社会学の概念が授業過程の開発に有効であることを多くの著書によってお教えいただいた片岡徳雄先生、T. パーソンズの解読のための多くのサゼッションをいただいた森楙先生に、ここで改めて感謝の意を表します。

　すでに80歳を超え、体力的にも文章を綴ることへの集中力を欠いている中での本書の編集・出版にお力添えをいただいた、ふくろう出版の亀山裕幸さんに御礼を申します。

　平成29年春の叙勲に際しいただいたお祝いは、本書自費出版の経費に充てさせていただきました。関係各位に衷心より御礼を申し述べます。

平成30年３月
髙旗　正人

本書を自主協同学習論の探究過程で出会ったすべての方に奉げます。

　　　　　　　　　　　　　　　　　　　　　　平成30年3月
　　　　　　　　　　　　　　　　　　　　　　　髙旗　正人

目　次

序文

1部　発想の転換 …………………………………………………… 1
1章　理解されにくい自主協同学習論 …………………… 3
2章　基礎学力が落ちないか ……………………………… 26
3章　学習者が創る授業 …………………………………… 37
4章　授業形態が学習者を社会化する …………………… 57
5章　実践導入校のリーダーシップ ……………………… 65

2部　授業の開発をめぐって ……………………………………… 87
6章　現場の授業研究と研究者 …………………………… 89
7章　自主協同学習という名前をめぐって ……………… 98
8章　自主協同学習の開発にかかわった人たち ………… 108
9章　AGIL図式による新しい授業導入過程の整理 …… 132

3部　付論：大学の授業変革 ……………………………………… 137
10章　大学のアクティブ・ラーニングとしての
　　　自主協同学習 ……………………………………… 139
11章　非教員養成系大学・学部におけるワーク
　　　ショップ型教職授業の開発：
　　　自主協同学習論による ………………………… 154

1部　発想の転換

1章　理解されにくい自主協同学習論

　授業づくりを集団の面からやろうとすることから、自主協同学習論は学級担任や教科担任につかみ所の無いわかりにくいものになっているといえるのではなかろうか。

　それでは、なぜ集団アプローチはわかりにくいのか。一つは、教育効果つまり学力評価とは直接的な関係には無いように思われるからである。たとえば、5年生A学級のK君の算数の点数をアップしたい、といったとき、学級の人間関係を変えれば良くなる、点数は必ず良くなるから、といわれても、すべての学級担任が納得するであろうか。第二のわかりにくさは、集団アプローチがよって立つところの「集団」がつかみ所の無い概念だからである。学習をめぐる集団は学級、学級風土、学級の人間関係、学級集団の規範、などいくつかの下位概念で具体化される。しかしそれらをもってしても、直ちに、学力づくりという現場の授業改善と結び付かないかも知れない。

　それでも、学習者の学習活動は人間関係に規制されているのである。私はそう考える。

　学級の子どもの学習活動という事実について少し細かく考えてみよう。

1　学習活動は人間関係に規制される
1）授業過程の構成要因
　小学校の5年生の子どもの学習という例を念頭に考えてみる。意識的な学習の多くは学校の教室授業から始まっている。授業は教材と子どもと教師からなる集団によって成り立つ。教材・子ども・人間関係が相対的に独立した要素として授業の過程を形作るので、その意味で3要素は授業過程を制約している。子どもがやる気を起こすか起こさないかはこれら3要素の状態によって左右される。もちろん、家庭における人間関係も子どもの学習意欲を規定

するので授業過程に間接的には影響を及ぼす。

　授業のリーダーである教師は、これらの3ないし4要素を操作して子どもの学習を高めようとする。授業研究というのは幅の広い研究視角を持つことになる。授業に臨むに当たって教師がどうしても準備しなければならないのは、教材である。それを、どのような順序で子どもたちに提示していくか、子どもを中心としたストーリーを用意しなければならない。担当教師による作並びに演出・出演のストーリーがよければ、子どもたちはその主役として出演し楽しむであろう。授業が演劇であることは小学校から大学まで同じである。そして、私の経験からするとこの演劇は、ほとんどが失敗作。作者の教師から見ると学習指導案という台本はほとんど例外なく何らかのアクシデントによってうまくは進まなくなる。

　うまく進む場合もある。

　ベテランの教師は、指導案はあくまで案であることを心得ていて、授業中に起こったアクシデントに臨機応変に対処する。それによって、この物語を成功裡に終了させる。経験と柔軟性が授業という物語を成功させる重要な要素である。このことは、教科教材を問わず、学年学級を問わず共通する事実である。

　授業中に起こるアクシデントへの柔軟な対処を可能にするのは何か。授業の構成要素、教材・子ども・人間関係に関する理解の深さと広さである。そのために、授業研究という指導以外の教師の仕事が日常化した。優れた実践家は何よりもこの授業研究に、寝食を忘れて取り組んだ。それは教師の喜びでもあった。斉藤喜博、東井義雄、鈴木道太らの著作はそのような教師の授業研究という共同作業から生まれたものである。実践記録と呼ばれる多くの著書はそれぞれの個性豊かな授業研究の成果が盛られているが、共通する事実は著者が授業時間外にいかに多くの時間を費やして授業研究を行ったかである。

　授業時間の何倍何十倍もの授業研究なしには、誰にも授業という物語を成功裡には終結することはできないということである。その授業研究の観点は

人によって異なる。教材研究を中核に置く場合、コミュニケーション技術を含む子ども研究、授業の人間関係の視点からの研究などである。もちろん3者は相互に依存し合って授業を成り立たせているので、実践記録上は教材・子ども・人間関係は絡まり合っている。とりわけ、授業の成果は学級の子どもたちの行動変化によって評価されるので、子どもの様子が大幅に記述される。だからといって、この実践が子ども理解から生まれたものとは言えない。教材の構造化とか教材解釈と呼ばれる授業研究からでき上がったのかも知れないし、また、学習形態の工夫から成立したのかも知れない。現場の教師は、研究授業が当たるとまず、気になるのは教材である。この教材をどう解釈して、授業という時間軸に沿って子どもたちに理解させるかを考える。小学校の場合、45分の授業時間内に納める計画でなければならない。学級の全部の子どもたちに学習意欲を持続させるためには、誰をいつどこで活動させるかおおよその目安を立てておかねばならない。教材解釈・授業のステップ・子どもたちへの指名、これが決まると、授業という物語をつくる段階に進むことができる。

　以上がごく一般的な授業案の作成手順である。しかしここで気づくことは、子どもたちが教師の作った物語の中に入ってくることが前提とされている。その前提が崩れることがある。と言うより、崩れるのが普通である。子どもたちは、勉強がみんな好きとは限らない。授業中いやいやながら教室にいて、授業に参加している子どもは少なくない。15分も経つと飽きてきて、隣の子どもに話しかけたり、別の本を出して遊んだり、教師が作った物語の配役から外れてくる子どもが出てくる。一人でやっているときはある子どもの個人的な問題であり、その子個人に教師は対応し処理すればよい。しかし、複数の子どもたちが予定された配役を外れるようになると学級全体の問題になる。これが毎時間教科の内容にかかわらず起きてくるようであれば、学級崩壊と呼ばれるように学級集団の問題として捉えられ、対処されなければならないことになる。学級崩壊は子ども個人の問題ではなく、学級社会の問題である。そのような学級がいやになって不登校の子どもが出てくるとなると、

不登校はその子ども個人の問題ではなくして、学級の社会問題として捉えなければならない。授業という物語を構成する際には、学級の社会的次元が考慮されねばならない。ところが現実には、授業の社会的次元については、一般的には意識が希薄である。社会的次元の相対的独立性や授業過程への影響について、すでに何十年もの間言い続けられながら、授業者の意識は必ずしも高くはないのではないか。

2）授業を規制する集団次元

　学齢に達した子どもたちは、なぜ学校に行くのであろうか。教科の勉強がおもしろいからであろうか。かつて、普通科高等学校の生徒たちを対象とした調査結果に出会ったことがある。教科の勉強が好きだと答えた生徒は全体の5パーセントであった。それではあと残りの生徒はなぜ学校に行くのか。多くは、行くことになっているから、というだけのことではないか。あるいは、友達に会えるから、である。教科の勉強が好きといっても学校で行われている教科は、小学校にして9教科に及ぶ。全部得意で好きということは考えられない。だから、ほとんどの子どもたちの学校に行く理由は、教科の勉強ではないはずである。9教科の内には嫌いなものや不得意なものもあるであろうから。

　学校が好きになるのは、教科の勉強もさることながら、担任の先生や友達が好きだということの方が大きいかも知れない。人間関係という社会的次元によって、子どもたちの学校に対する好意的感情は作られている。担任も子どもたちもこの社会的次元をもっと重要視しなければならない。授業を遂行するために行われる教材研究と同等以上に、授業の集団次元への理解と組織化が求められる。

　昭和40年代、授業研究が盛んな時代であった。広島大学、神戸大学、名古屋大学、東京大学、お茶の水大学、東京工業大学、岩手大学、北海道大学、の8大学は総合科学研究費を獲得して共同研究を展開した。私は、広島大学の助手としてその一員に加わっていた。箱根宮ノ下の保養所（国家公務員の

宿泊施設、現KKR箱根宮ノ下)での宿泊研修には著名な8大学の教授・助教授・助手たちが集まった。全く違った方法論からの授業の総合研究は、お互いに刺激的であった。岩手大学の某教授は、授業に集団などは不要ではないか。と、集団不要論を展開された。勇敢にも、集団次元の相対的独立性を主張してきた私たち広島大学Aグループに向かって。その方は、当時、一種のプログラム学習といえる、ソビエトのアルゴリズムによる授業の改造を主張されていた。授業とは教師が教材を子どもに教授することだ、という定義の下では、授業は個別化されプログラム化される。だから、集団の影響などという次元は授業論の中に入ってこなくてよい。スキナーのプログラム学習論もそうであるが、純粋実験室のようなシチュエーションにおける授業論である。私は、授業は現実的には学級集団で行われるという前提に立つとき、集団次元の影響を排除することはできないと考えていた。それじゃ集団づくりで教授はできるのか、というような討論が熱っぽく語られた。どちらも引き下がることなく、議論は次回に持ち越された。こんなにはっきりと目の前で他者の考えを否定する人も少なかったが、彼の話ははっきりしておりその意味では勉強になったし、対立軸を明らかにすることができ、議論は愉快であった。

　学校の授業は、教師が所定の教材を子どもに伝達するためのものである。仮に極少人数の学級があって、教師1対子ども1の場合であっても、授業は2人の人間関係の中で進む。授業の人間関係とは、たとえば、K. レヴィン (K. Lewin) の対立する2つのリーダーシップ類型で見ると民主的リーダーシップか専制的リーダーシップかというような概念で具体化されるようなものである。授業の中の子どもたちは泉のほとりに置かれた水差しではない。書こうとする人の意思の通りに描くことができる白紙ではない。意思と感情とを持った主体としての人間である。学習への積極的な意思と学習指導者への同一化の意思によって、教授は有効に進展する。子どもたちが授業に対してどのような意思と感情を抱くかは、教師と子どもたちの人間関係によって影響される。

もちろん教材の内容に対する好き嫌い、難易度、子どもの学習力などによっても、学級の授業に対する子どもたちの意志や感情は変わってくる。しかし、教師と子ども、子どもと子どもの人間関係という要素を授業を考える上で排除することはできない。むしろ現実の学級授業は、この人間関係に支配されている。

3) 学習者の行動様式を造る学習指導の形態

　授業に対する子どもたちの意思と感情を積極的にする人間関係とは何か。K. レヴィンが民主的、専制的、放任的リーダーシップの比較実験を行った結果、学習成績は民主的・専制的・放任的という順に高かった。だから授業の人間関係は民主的リーダーシップがよいということになった。この結果に対して、社会的背景の影響ではないか、アメリカが当時民主主義をよしとしていたからそのような結果が出たのだ、という反論があった。

　大学の授業で学生中心の授業を展開すると、多くの学生は、好意的な反応をするけれども、一部、講義をやって欲しいという学生が出る。一部の大学では、私の経験からすると講義を90分間続けると私語、居眠り、内職、ケータイが増えて効果のある授業にならない場合もあった。授業の人間関係も教材内容と同じように、学習者によって好き嫌いが生じる。万能のリーダーシップ形態は見当たらない。目的や教育内容、学生の興味に応じて、授業形態を変えることができる指導者の力量が求められる。

　教員養成カリキュラムの最終段階は教育実習である。多くの教生が展開する最初の授業は、大学で学んだ教育思想や教授論ではなくして、自分が小中学生の時代に学んだ授業形態の再現である。大学の授業の場合も同じである。大学で講義をするようになると大部分の人たちは大学時代に受けた授業形態をなぞるような形で自分の授業を編成する。しかしこれからの時代、教師はいろいろな学習指導形態を臨機応変に採用できる力量が求められる。初等中等高等教育機関で授業を担当する教師は、教師中心の一斉教授だけが授業ではないことを認識して、多様な学習指導形態を展開する力量を身に付ける必

要がある。そのためには教員養成のカリキュラムの中に、「授業形態論研究」講義－演習、というような内容が加えられるべきである。ただこの講義演習を誰が行うか、それが問題であるが。

　授業形態とは授業展開の形の違いということではない。その形を通して教師と学習者がどのようなフォーマルな人間関係に置かれるかが重要である。一斉教授であれば、教師が支配者で学習者は服従という関係に置かれる。学習者中心の協同学習形態であれば、教師の指導性は一部後退し双方が民主的な関係の中で授業が展開されることになる。授業を通して体験的に学習者が身に付ける潜在的カリキュラムは自ずと違ったものになる。一斉教授の教師・学習者関係の内面化と学習者中心の協同学習形態における教師・学習者関係の内面化とでは、社会関係や社会的態度の形成という観点からすると大きな違いが生じる。学習者が描く教師像が異なるからである。

　教師が意図的に作り組織する授業の人間関係によって、授業の過程の潜在的カリキュラムを通して子どもたちは体験的に社会関係を学習する。教師とは何か、学習者とは何か、双方の役割、双方からの役割期待、学習者同士のあり方としてのフォーマルな関係の維持の必要性など。

　将来この関係を内面化した者が教壇に立つと、もろに、体験した教師・学習者関係を授業に反映させる。私は、学部４年生の教生時に授業とはこういうものだと疑いもなく、教師が主導する一斉教授の授業案を作った。他の学生もそうであった。ルッソーもペスタロッチーもデューイもそこにはなかった。ただひたすらに体験的に内面化している小学校時代の授業の教師・学習者関係を再現しようとした授業案であった。実習中指導者は、教材や子ども研究についてはいろいろ言われたが、授業形態については何も明確な問題提起はなかったように思われる。理科はグループで実験するとか体育のティームゲームはグループに分かれて行う、というような教材の特性に応じ、そこから生まれる活動形態のバリエーションはもちろんあった。しかし、認識教科の大半の授業形態は教師中心の一斉教授形態であった。おそらくこのような教育実習を受けた教育学部卒業生は、小中学校で伝統的な授業形態を展開

するであろう。そしてそれを受けた次の世代の学習者たちはその伝統をさらに受け継いでいくであろう。明治以来このようにして学校の授業形態は、多くの公立小学校でヘルバルト派の教授形態が実践され、次の世代の教師に内面化された。授業とはこのようなものだとして。

　学習指導形態論が大いに議論され多様な授業形態のバリエーションが教師に内面化されなければ、潜在的カリキュラムにより形成される教師・学習者の役割関係は前近代的な形態で固定化される。

　教師の組織する授業形態としてのフォーマルな授業の人間関係は、授業過程での学習者たちの行動様式を大幅に変える。もちろん教師の行動様式も当然変貌する。私が大学で行った教育原理の講義を他の授業と見比べた某教授が、「同じ学生が、別人のように活躍していた。」と評した。教科書教材を使って、授業形態を自主協同学習形態に転換した講義に対してである。(本書第2章参照)

4) 感情レベルの人間関係

　学習指導形態とは授業を担当する教師が意識的に組織するフォーマルな役割関係である。

　それに対して、授業には学習指導形態とクロスする人間関係がある。支持的・防衛的、好きか嫌いか、好意的か非好意的か、など。学級の人間関係は感情中立性のレベルと感情レベルとが混じり合っている。インフォーマルな人間関係が組織の中で遂行される仕事に影響を及ぼすことを示したのは、メーヨーとレスリスバーガーによる1930年代に行われたアメリカのホーソン実験であった。そこからいわゆる人間関係論(Human Relations)が生まれた。したがって、社会学における人間関係とは、役割構造と共に組織の中でのインフォーマルな人間関係を指す場合がある。

　授業においても、フォーマルな学習指導形態として組織された教師・学習者の役割行動に影響する次元として、授業のインフォーマルな人間関係がある。この授業の人間関係は何によって形成されるであろうか。

フォーマルな授業形態自体が生み出すもの、授業外の学級生活から造られるもの、さらに学校外の仲間集団から生まれたもの、など多様である。ここでは、ひとまず、授業の過程が作り出す感情レベルの人間関係に言及する。

教師中心に進められる一斉教授の形態と学習者中心の自主協同学習形態の場合、子どもたちの情緒レベルの人間関係にどのように作用するであろうか。一斉教授の場合は、教師・子ども関係は支配・被支配の関係、教え・教えられる関係、主従の関係、リーダー・フォロアー関係などの役割を双方で取得する。教師はヘッドとして学級に配属される。一斉教授の場合は、授業において教師はヘッドとしてのリーダーシップを展開する。フォロアーとして子どもはそれに従う。「読める人・わかる人・できる人」と教師が子どもたちに授業参加を呼びかけて、授業は進行するのが普通である。この挙手・指名・応答による授業進行は、学校段階が高くなるほど、教師の一方的な講義方式に移行する。挙手による授業進行は学習者間に競争的関係を生じさせる。この競争は授業の一般的な文化として集団に制度化される。競争原理は、ある面では、学習活動への促進的効果を生む。しかし、他方で、学習活動ではなく競争に勝つことが目的化される。他者に勝つために手段を選ばないテスト結果への順位執着は学級集団の分裂対立を生み出すことがある。競争原理の学級集団への制度化は、本来の学習集団の学習促進としての機能を超えてマイナスの影響を及ぼす。

他方、学習者中心の自主協同学習の形態で行われる授業では、各学習者が教材に対する疑問点を持って集まり授業は進められる。各個人の持っている疑問点はまず数名からなる小集団内に計られ、次に学級全体の場に出される。学習は競争関係ではなく協同活動、助け合い活動の形で進められる。したがって、競争原理はおさえられ働かない。課題の解決という本来の目的に向かって学級全員が集団思考を行う。わからないこと、できないこと、読めないことの表出が授業展開の鍵となる。わからない者が自信を持ってわからないことを、わかるまで尋ねることを支持する学習集団を造ることが、この学習形態の重要なところである。そこで生じる人間関係は、各個人が求める課題解

	目的	他者
協同	目的協同	対人協同
競争	目的競争	対人競争

図1-1　授業形態から生まれる人間関係

決を集団思考で達成しようとするのであるから競争ではなく協同的関係である。目的達成への協同活動、協同関係といえる。

　教授形態は整理すると図1-1のような関係を作り出す。目的協同は課題解決をめざす協同関係である。目的競争は課題解決を目的とした競争である。対人協同は仲良しだから行う協同活動であり課題解決は第二義的になる。対人競争は他者を打ち負かすための競争である。自主協同学習形態が必然的に作り出す目的協同の関係は、学習集団にできる子とできない子の好意的関係を作り出す。他方、一斉教授形態の競争は対人競争への志向を作り出す。学級内に勝ち組と負け組とをつくる。

5）個と集団の関係

　現代の授業は、単に教科内容の伝達ではなく、個の成長と集団の成長とを同時にめざす。学級集団は個を成長させるための、いわば物理的条件を与えた場である。つまり個の成長が十分な効果を上げるよう形式的にも編成されている。生活年齢別編成、定員の設定、など可能な限り個の学習指導に効率的な編成がなされる。内容的にも教師と子どもとの人間関係が調整できるように特別活動や道徳教育の領域が教育課程には設けられており、学級に生じた生活の問題の解決などへの対処がなされる。各教科は発達段階を配慮した編成がなされている。学級は形式的にも内容的にもよい人間関係の中で学習指導を行うことが求められている。条件整備という点では形式的にはあらゆる角度からできうる限りの学習集団としてのよい用件が与えられてはいる。しかし問題はここからである。

　学級は、教師と子どもたちを資格条件に従って形式的に集め編成している。

義務教育段階のどの学級においても特別なことがない限り、子どもの希望によって教師は選べない。子ども個人の立場からすると与えられた教師と与えられた学級の仲間と与えられた教材によって授業が行われる。子どもたちが自分の好きな教材を選び好きな先生の下で、自分が選んだ友達と一緒に学習しているのではない。学びたくもない先生の下で、一緒になりたくもないメンバーと、興味も関心もない教材を学ばされている子どもだっている。学級の授業過程にこのような子どもが1割いると、授業はやりにくくなる。私の経験からすると、それが2割になるともはや授業は成立しない。30人学級において6人の子どもが授業を聴かないとなると他の子どもたちにその雰囲気は影響してしまう。

　教師はそのような状況を避けるために、学級経営とか学級づくりとか、仲間づくりとかに学級編成直後から取り組むことになる。一人ひとりが喜んで学校に来て授業に参加する、そのような学級集団づくりである。子どもたちは百人百様である。この百人百様の子どもたちの気持ちに添う仲間づくりはそうたやすいことではない。

　教材のわかる速度が学級内の子どもたちの間で公立学校の場合は、大きいのが普通である。教師の一斉教授では、それを踏まえることが必要であるが、現実はそれは難しいことである。早くわかる子もゆっくりわかる子も授業を楽しみにして学校にやって来るようにすることはたやすいことではない。わかりすぎている子は授業がおもしろくないし、わからないで授業に先に進まれる子どもは、わからないことが日々蓄積されるばかりである。

　一斉教授では教授の速度は中位の子どもに合わせるのが普通である。そうするとかなりの範囲の子どもを学習に参加させることはできる。理解の極端に早い子と極端にゆっくりな子とが問題となる。彼らに対する対処戦略をベテラン教師は次第に獲得して授業に臨むようになる。そこでは、授業の速度という観点からは疎外される子どもは少なくすることができている。従来の授業論ではこれでよしとされてきた。みんなが授業に参加しているので、これでいいではないか、と考えられる。教育実習生が参観する名人芸的な模範

授業もこの程度のものであった。この程度と言ったが、この程度の授業にはなかなか到達できないのであるが。

　この授業過程の問題は、子どもと子どもの関係の視点が見えてこない点である。鵜飼いの漁師と複数の鵜との関係のように、一人の授業者と一人ひとりの学習者は指導者と学習者という関係を結ぶようになっている。しかし、同じ部屋で同じ教材を学ぶ学習者たちの関係をどのようにするかという視点は希薄というか、意識されていない。その結果は、一斉教授の過程では学習者間の関係は、自然に競争的な関係に傾斜してくる。教師の発問の多くは、「読める人」、「できる人」、「わかる人」が多い。これを受けた子どもたちは、ハイハイと挙手をして指名を待つ。われがちに、挙手をして、教師が特定の子どもを指名すると、他の子どもから「取られた」という落胆の声が発せられる。これを小学校の授業風景と一般は見なしている。改めて言う。授業には潜在的カリキュラムがある。各教科の内容を子どもたちに伝達する面は、意識的目的的な授業過程の側面、これに対して、授業過程の人間関係から無意識に社会集団生活を学ぶ側面は潜在的カリキュラムであり、一般には無意識に学習がなされる（注　潜在的カリキュラムは、授業の人間関係面だけではない。教科内容に関しても意図した教授目的とは異なる内容が学習される。物語文の授業で道徳性の育成が生じることはそれに当たる。むしろ潜在的カリキュラム論（Latent Curriculum）はこのような教育内容にかかわっていわれたのが最初である）。この潜在的カリキュラムの側面を一層意識し計画的に組織することが求められる。そうでなければ、授業が育成する子どもたちの人間関係は、顕在的カリキュラムの遂行に大きく影響を及ぼすと同時によい人間関係として教育がめざす関係の形成を阻害することになる。

6）目的協同の関係をつくる

　協同して課題解決に当たる学級集団づくりがめざされねばならない。教室に集められた子どもたちには、同じ内容の学習意欲の共有はないと考えてよいであろう。そのような状況においては学級集団に課題解決への自主性はな

い。一斉指導の授業の場合も教師はあの手この手で子どもたちに興味関心を起こさせる努力と工夫をするのも、教材をめぐる課題意識を子どもたちに持たせるためである。ハイハイ学習も学習への動機づけの機能がある。競争事態を作り学習への集中と勝つためのエネルギーを本来は関心の薄い教材学習へ向けることで意欲を高めようとしている。J. S. ブルーナーは学習への動機づけを内発的動機づけと外的動機づけとに分ける。前者内発的動機づけは教材内容に対する動機づけであり本質的なものと捉え、教材の組織化による子どもたちの学習への動機づけを重視する。

　この点私たちと見解を異にするところである。子どもたちが将来必要とする知識・技能・観念の習得のためには、内発的動機づけだけでなく外的動機づけも組織化されるべきである。学習という目的を達成するために競争ではなく協同の関係を組織することは、学級の子どもたち全員の学習への意欲を高めることになる。競争では脱落者の意欲を持続維持することは難しいけれど、協同的関係によっては、全員参加の学習が可能になる。そのような観点は、外発的動機づけに位置づけられる問題である。

　この観点からする学習集団づくりは学習という課題を達成するための手段として位置づけられるであろう。しかし、他方、この協同的関係の育成は教育の目的でもある。あらゆる種類の課題解決に子どもたちは将来遭遇するであろう。それらを協同して対処できる能力を育成することは、教育のめざす重要な目的であるし、それは、学習集団の体験を通して学習可能である。教材の学習をめぐる協同的関係の組織化は授業の手段であると同時に、教育目的でもあると言えるのである。そのような観点から、授業の人間関係は競争から協同への転換が求められる。競争的関係による授業の組織化には伝統がある。しかし、協同的関係の授業の組織化には、不思議に伝統がない。これから体系的な方略が蓄積されなければならない。競争的関係における教師の指導者としての位置づけはかなり明瞭である。授業のリーダーシップを取って、「読める人・わかる人・できる人」を取り入れながら、説話を展開していけばよい。それに対して協同的関係における教師のリーダーシップはどうな

るのか。

7）協同学習における教師のリーダーシップ

　協同学習は、教師と学習者の協同とも考えられないことはないが、形の上では学習者同士の協同的な相互作用を仕組み誘発させる授業展開である。

　学校教育には教えるべき教材があってそれにもっともよく精通している教師が各教室に配属されている。そこで必然的に生じてくる教育は教師による教材の学習者への伝達である。これはそのまま形にすれば教師中心の一斉教授になる。仕組みを何も考えないで教科書を持たせて学習者を45分間教室に置いた場合、そこで何が起こるであろうか。みんなで協力して教科書を勉強するという確率はきわめて低いであろう。教師には一定の授業時間内にその学年の教科書に盛り込まれた知識や技能や観念を学習させなければならないという職務上の義務が課せられている。学習者同士の協同学習とはいえ教師のそのような義務を放棄して行われることは許されない。教師が一方的に子どもたちの学習を指揮はしないが、子どもたちは学習を一定のスピードで進めていかなければ教師の義務は果たせない。教師は前面に出ないが子どもたちは協力し合って質の高い学習を進めるような状況がつくられなければ協同学習の授業とは言えない。

　このような条件の下で教師のリーダーシップはどのような可能性が考えられるであろうか。まずは、教師のリーダーシップを一部後退させるということが行われるであろう。しかし、子どもたちが教材を自主的に学ぼうとする行動を開始し継続できる学習集団の組織化が求められる。教師がいなくても授業は進行する。教師がいればもっといいけれどもいなくとも授業はできるような状況が用意される必要がある。誰が用意するか。いうまでもなく教師である。その意味では教師はやはりこのクラスの授業に関してある意味では強烈なリーダーシップを取っている。しかし次第に授業過程の前面に立って子どもたちに指示はしないようになる。授業の展開方法が子どもたちの身に付くまではその方法について伝授する必要がある。子どもたちが見つけた方

法について賛同し支援するということをも含めて。一斉教授では教師が全部やっていたことを子どもたちに委譲する。協同学習がある程度でき始めたクラスで外部からの参観者にはわからない会話が起こることがある。ある5年生のクラスで算数の授業開始時に「わたかしこ学習をしましょう」という呼びかけに応じて、小集団の話し合いが始まった。

　　わ：わかっていることを見つける。
　　た：たしかめることは何かを確認する。
　　か：絵に描いてみる
　　し：式に書く。
　　こ：黒板に出て発表する。

　これは滋賀県のある県北の小学校の授業で出くわした学習係の呼びかけ発言である。この意味不明な言葉は子どもたちが算数の文章題の学習で小集団で取り組む進行の順序を示すものとして開発したものであった。授業開始の最初の段階から授業の展開の段階に進む際の学習係の発言である。導入から展開へ移る際に以前は教師が指示していた。その指示を子どもたちの学習係がやるようになっている。教師リーダーシップの後退である。それだけに、子どもたちにとっては、授業を自分たちのものと捉えるようになっている。「わたかしこ学習」は子どもたち同士小集団で行うことになる。教師は机間巡視である。結果は全体で吟味するから教師は机間巡視中に気づいたことは全体学習の際に述べる。
　このような学習の仕方を子どもたちが作り出すようになると授業の主体は次第に子どもの側に移っていっている。しかし子どもたちに任せておいて自発的に学習ができるようになるには、法に定められた授業時間数では不足する。教師はそこで何らかの手立てが必要である。教師が前面に出て陣頭指揮しなくとも子どもたちで授業を進行できる手立てを工夫し子どもたちに身に付けさせていくことである。これは単に授業を自分たちだけでやらせるため

の手法ということではなく、個人の学習でも仲間との授業外での問題解決においても有効に使える学習方法としての意味がある。さらに、ヒドゥンカリキュラム（Hidden Curriculum）の視点から見ると子どもたちの協同活動の方法と価値が体得されることである。

8）協同学習の導入

　自主協同学習は難しい、といわれる。ある一定の条件が揃っていないと幼稚園から大学までこの学習形態を担任教師はうまく機能させられない。なぜか。授業を教師が直接操作するのではなくて学習者たちが自分たちのこととして授業を進める学習だからである。どうしてそんな難しい学習形態を取り入れるのか。それについてはすでに述べた。学力づくりと集団づくりの統一のためである。子どもたちは協同しながら問題や課題を解決しなければならない事態にこれから将来ずっと遭遇し続けるであろう。そのための人間関係のあり方は、従来の授業の中で無意識にヒドゥンカリキュラム（Hidden Curriculum）から学習するものとは反対極にある。自主協同学習の導入は一つには一斉教授のヒドゥンカリキュラム（またはLatent Curriculum）の改革なのである。子どもたちが学級全体で主体的に展開する授業を導入するために、まず必要なことは、教師の呼びかけに、「やってみようか」「やってみたい」と子どもたちが賛同することである。自分たちのこととして授業をやることへの賛同は、発達段階によって、教師の働きかけの仕方は異なる。幼と小の低学年であれば、理屈抜きで授業のやり方を教えることになるであろう。小学校中学年、中学校・高等学校の場合は、なぜこんな授業が必要かをそれぞれの学校・学年段階に応じた方法で説明し、納得されることが必要である。大学生の場合は、学習の仕方の習得の重要性、教育実習の予備的練習など授業内容に応じた説明と説得が必要である。ただし、最後までなぜ講義をしないのか、講義を聴きたくて受講したのに、という優秀な学生の疑問に昔の伝統的な講義方式に帰ろうかという衝動に駆られることがある。そんな時に私が話したことは中世大学の起源に関する話だ。

中世にでき上がった大学（universitas）はボローニア大学とパリ大学、前者の起源は学生にあった。学生が高度知識を得るためにボローニアの地に集まり学生組合をつくり、協同して学習するために、優れたその道の知識を持つ者を教授として雇った。そこに、できたのがボローニア大学である。それに対して、パリ大学は、学問がある一定の水準に達して、家庭での親子関係の中で伝達することができないほど高度化体系化されたとき学問を次の世代に伝達すべく大学をつくった。研究の進展が大学を生んだということになる。その後の大学はむしろ後者の形として継承されることになる。日本の現代の大学もそうである。しかし大学の本質には2本の柱がある。一つは学生の自発性という学習意欲からの設立、第2は学問の発達とその伝達の必要性である。現在の我が国の大学授業のあり方は後者つまり学問の伝達に偏向している。今大学の授業に必要なのは、学生がなぜこの大学に入ってきたか、ここでなぜ授業を受けているのかを毎時間自覚することである。そのために、学生中心の授業を私は行う。という趣旨の説明をすることにしていた。

9）自主協同学習形態の形式としての導入

目標としての学習形態を形式的に学習者に取らせるということに関しては現場の教育者は反発する。授業とは形式ではない。目的と理念を実現すべきものであるから、形式を教えてそれに従わせることは間違っている、というような理由が必ず述べられる。形式を教えようと持っていった私はそこでは必ず軽蔑される。あまり言われるといやになる。私は理念と目的について十分とは言えないけれど検討した結果作り上げた究極の効率的な自主協同学習形態を効率的に導入しようとしているのだ。形式から入ることに対して、一笑に付されるような場合、私はあっそうですか、といったん引き下がる。では次に来るまでに少しでも改善を進めておいてください、と言って研究会を去る。

次に来訪したとき、授業を見る。必ずと言っていいほど、理念・目的を主張された高遠な授業論いや教育論の持ち主の授業は変わっていない。その他

の方で授業を変えた人がいる幸運に恵まれるときがある。自主協同学習のはしりに到達している人がいることがある。たいていは、高遠な授業論を言わないで静かに聞いていたあまり存在感のない中年の女性の先生であることが多い。あとでちょっと聞いてみる。先生はこの授業をどこで習得されましたかと。「先生の本を読めばできるじゃないですか。」といわれたときはうれしさがこみ上げてくる。自分の書いた本が売れた喜び、そしてそれがまじめに読まれて、しかも授業として教室に再現されている。執筆者冥利に尽きる。授業論の本は、理論書や思想書よりも偉大である（と勝手に私は思っている）。高い精度で教室の先生と子どもたちによって再現されているのだから。小説もエッセイも社会学理論書も思想書も読者の心の中で生きていると言えばそうであるが、どこかの空間で人々によって、その世界が再現されているということはある種の宗教書以外には考えられない。教育書も展開した教育理念や教育思想が教室で正確に質と形式を踏襲しながら再現される場合はごく一部であろう。その他は単に思想書であったり、エッセイであったりである。私は、教育論こそはそれを実現する場を持っているので再現されるところまで書き込まねばならないと考えてきた。だから、授業で自分の本を再現して見せていただくとありがたい。このような経験は46年の教員生活の中で数えるほどしかなかったけれど。高知の近森先生、滋賀の佐川先生、地村先生、新潟の大竹先生、関根先生、たちは私を喜ばせた筆頭である。しかしその前に、この学習形態を一緒に作り上げた同期の桜がいる。

　岡山県の勝央中学校高橋先生、桂先生、お２人の景山先生、井戸校長先生をはじめとする勝央中学校の昭和40年代のすべての先生方と在校生の方々がいなければ、この授業形態は完成しなかったであろう。そして、私は、自信を持って、自主協同学習は形式から入って、実質を作り上げる、という導入方法を主張することはできなかったであろう。

10) 自主協同学習形態の素描
・自主協同学習の流れ

　教科の種類に限らず自主協同学習の授業は、前時終了時に次の時間の学習課題が共有される。子どもたちは、それを自分の力でできるところまでやって来て、次の日の学級授業に入る。始業のチャイムが鳴ると、席について、学習係から「今日の学習課題は何ですか」という質問があり、全員で学習課題の確認を行う。

　次に小集団で課題に対する分析と解について検討を行う。発表係は黒板か小黒板に発表の準備をする。

　大学の場合は、発表準備から入る。

　前時に課題と発表班とを決めておき、授業が始まる前から教室にやって来た発表班の学生が発表の内容を板書する。板書に時間がかかるので授業開始の時刻より早く仕事に着手する場合がしばしば常態化する。

　発表準備が終わったら、発表班の代表が全体に板書を解説する。それに対して、司会班の司会で質疑応答が展開される。授業担当の教員もここで質問して集団思考を深める役割を演じる。何件かの課題に対して、同一の展開が行われまとめに入る。まとめは、次時にまとめ班によって行われるが、本字の終了時には、各自ノートに整理をするという形を取る。前の板書を写し、自分の疑問点を付しておく、といったノートの整理を大切にする。

　授業の最後に教員からのまとめと感想が述べられる。

　司会係から次時の課題ないしは教科書の範囲について説明がなされる。

　自主協同学習は大まかにはこのような流れである。

・変革の４つの視点

　自主協同学習の過程が子どもたちによって支持され、実際に展開されるためには少なくとも４つの観点からの伝統的な授業への変革が教師と学習者との間でなされなければならないであろう。４つの視点を私は図１-２のように整理している。

　図１-２「AGIL ４つの観点」からの授業過程の変革は何をもたらすか、

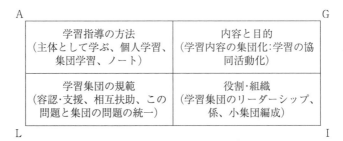

図1-2　授業改善の視点

あるいは何を目的としているか。

・相互作用変数の転換

　相互作用変数（interaction variables）という概念がある。A. P. HAREが『小集団研究ハンドブック』の中で使用したものだ。文字通り小集団における相互作用を規定している変数であり、パーソナリティ、社会的特質（Social Characteristics）、集団のサイズ、課題、コミュニケーション、ネットワーク、リーダーシップという7つが上がっている。一斉教授の授業過程も自主協同学習の授業過程もいずれも相互作用過程であることには変わりない。その相互作用自体に差異があるわけである。それを支配する7つの変数一つひとつについて、どのように変革すれば一斉教授が自主協同学習の相互作用に変容するかを検討し、AGIL図式で分類した指標によって相互作用変数を決定していけばよい。

　ここでAGIL図式などという代物を出してくる必要はない。また、私は授業の相互作用変数として、Hareの相互作用変数の名前を少し変更し、かつ加えて＜相互作用変数＞を9個にした。一斉教授から自主協同学習への変革には、＜相互作用変数＞のそれぞれを＜変革の方向＞として提示した。それらは表1-1の通りである。

表1-1　相互作用変数と変革の方法

＜相互作用変数＞	＜変革の方向＞
①パーソナリティ	受動性から能動性へ
②集団風土	攻撃性から支援性へ
③集団サイズ	全体集団から小集団へ
④学習内容	集団化
⑤コミュニケーション・ネットワーク	一方性から相互性へ
⑥リーダーシップ	監督型から参加型へ
⑦価値規範	競争志向から協同志向へ、多面的評価へ
⑧役割	集中から分散
⑨課題	暗唱型から問題解決型へ

　相互作用形態の変容は授業を変える。教師中心の一斉指導形態から小集団による協同活動を中心とする集団学習形態に変容する。教師が無意識に言ってきた「できるひと、よめるひと、わかるひと」という発言は後退し、できない者への授業のネガティブな機能は減少するであろう。それだけでも救われる子どもが増える。役割を分散して学級の全員が授業の主体としての役割を持つようになるので、子どもたちが授業場面での主体としての活動する。多面的な学習活動に対して肯定的な評価を心がけることで、学習者の意欲を高めることになる。

　授業の進行については子どもたちが行い、教師は集団思考の深まりを促進するような質疑応答で参加する。そのために教師に要求されるのは、単なる教材研究だけではなく、各学習者からの質問や疑問や失敗を想定した学習者の目線からの教材解釈や教材の組織的理解が求められる。一斉教授においても、この教材解釈の重要性は常に指摘された。自主協同学習も、教師の教材理解の深さと広さなくしては、学力を付けることはできない。

　私は岡山大学でも、やや人数の多い（10名〜20名）演習や特講で、この自主協同学習を試みた。私が急用で遅れているとき、開始のチャイムが鳴ると学習係が授業を始める。雑談に来ていた他の先生が驚いて、帰って行った。後にお会いすると授業が学生たちによって始まるので驚いた、といわれたことがある。学生は勉強のために高い授業料を払って大学に来ている。自分た

ちで授業を始めて勉強するのが何が不思議か。当たり前のことではないか(その時、私はそうは言わなかったけれど、そう思っていた)。ボローニアの街に学生たちが集まって学習集団ができその結果ボローニア大学という大学が形成されたのだ。今の日本の大学にはそのような大学の重要な本質が失われている。とりわけ国立大学に。私立の大学では、担当者が遅れていくと学生は不機嫌である。時間通り来て授業をして欲しいという。権利だけは主張する(授業を始めると私語したり携帯をいじったり、居眠りする者が多いのだが)。

国立大学には私の狭い経験からだと、この筋さえ口にする者は見当たらない。むしろ休講や講義への到着の遅延を喜ぶ風潮さえある。

休講を何度も予告していると私立大学では、ブーイングが起こる。「わしら授業料払っているのだから授業をちゃんとやって欲しい。」という声は授業評価アンケートに書かれるし、休講の予告をすると、ブーイングとともに声がかかる(その重要だという授業も実施してみると私語と携帯と落書きと居眠りが目に付く。「先生が私語を注意しないから講義が聞こえない」と文句が出る。どこか矛盾しているのだ)。

自主協同学習を始めて以来このようなことは一切なくなった。しかし、それならば教師はいなくても授業は進むかと言えば、そうはいかないのだ。内容が深まらないで形式的に進むだけになる。3時間もそれが続くとおもしろくなくなり自主協同学習は自然消滅する。教師のリーダーシップは現象面からは後退するが授業の質、集団思考の深化を図る上では絶対にと言ってよいほど必要である。

学力づくりには集団思考の深化への指導とともに学習の個別化が必要である。自分の問題として話し合いを再構成したとき理解が本物かどうかがはじめて明瞭になる。自主協同学習では教師の板書を写すのではない学習者のノートの取り方の指導が欠かせない。大学でも現在はそのような指導が必要であった。私は小学生に言うようなことで学生が反発するか心配しながらおそるおそるこの授業は予習が必要だといったことがある。自分の問題を持っ

てそれを授業中に解決しようとするのでなければ授業は身に付かない。予習をしてくること。しかもノートにそれを書き留めてくること。という注意をしたことがあった。定期考査の用紙の最後の課題として「この授業で良かったこと」を書いてもらった。その中に、「言われて、予習をしてくると授業がよくわかった」というのがあった。言ってみるものである。

　この学生、小学校中学校高等学校ではどうしていたのであろうか。予習や復習といった常識的な個人学習と授業とをつなぐ媒介変数を大学以前の学校では指導されなかったとは思われないのだが。学校が言った言わなかったの問題よりも言われたことを意識していない学習者がいたことが問題である。学校に尋ねると口を酸っぱくして言ったと証言されるにちがいない。しかし、言われた生徒側に何も伝わっていないことは、私の授業で予習ということを発見し実践してみて、それがいかに授業を聴くことにおいて有効性を有するものであるかを驚きを持って語っているのである。大学に来て私の授業に参加してはじめて、彼女は、予習の有効性を認知したのである。私は日本の学校の多くが、今、この予習に代表されるような、学習とりわけ各教科の学習のための個人学習と授業を結び付ける媒介項を学習者に意識させることを重要視していないのではないかと感じる。総合的な学習の時間とか生活科とかの学力観からするとこのようなことが起こるのではないか。生活科の予習とは何か、総合的な学習の時間の予習とは何か、個人学習としてやらなければならない予習がそれらには確固として位置づけられるのであろうか。ないとすれば、重要な基礎学力形成観の再構築が必要になるであろう。予習はアクティブ・ラーニングの重要な出発点である。

2章　基礎学力が落ちないか

1　学力づくりの要請

　「自主協同学習をやりたい」と現場から呼ばれた際に、はっきりと基礎学力の向上をめざすとされる場合はあまり多くはない。しかし私はその研究会に参加して、体感したことはほとんどすべての学校は、学力保障をめざしての授業改善研究だと思った。もっと厳密に言えば、自主協同学習を導入する目的は、学級集団づくりや学習意欲の向上、協同的な人間関係の育成などを掲げていても、結果、学力が上がったことを喜び、その改善研究の成果を評価した学校・教職員は少なくないのである。
　学力向上を第一義的な目標として掲げての依頼は、滋賀県の甲良東小学校が私の記憶の中で鮮明である。他方、結果として学力が向上したと報告されて、学力向上も主要な目的であったのかと知らされたのは新潟市のいくつかの中学校、滋賀県今津中学校、岡山県勝央中学校、などである。教育の現場において学校の学力が低下したのでは、何をやろうとも、当然のこととは言え、どこからも評価されないのである。義務教育段階に限らず学力づくりは学校の最優先課題なのである。
　ところが、学力づくりを正面切った目標とした場合、なぜ自主協同学習なのか、という疑問が出てくる。自主協同学習は、一般の解釈では、学力づくりに対してはいわば間接的ストラテジーに他ならない。競争を廃止して協同的な関係をつくる中で、競争が生み出してきた教育上の問題点を一つひとつ解消していこうというのが自主協同学習である。自主協同の学習集団を創るということは、学力づくりよりも生徒指導上の問題へのかかわりが感じ取れる。この授業改革はいじめや不登校が第一義的な解決課題であるかのように見える。ただ、学級が直面している問題を学級会で話し合って解決したり、問題行動を起こす生徒を呼んで直接説諭したりといった直接的な生徒指導と

比べると、自主協同の授業づくりは生徒指導に対して直接的ではない。

　生徒指導を特別活動ないしは教科外で、学力づくりは各教科内で、という教育現場で従来から一般化されている通念は自主協同学習の授業づくりでは転換される。各教科の授業過程の生徒指導機能は高く、他方、特別活動は生徒指導も行うが教科指導機能も高い。機能か領域かという議論に対して、自主協同学習論は機能論の立場に立つ。

　一例を挙げれば、国語科の物語文の中には道徳・生徒指導的要素は十分に認められるし、他方、運動会、合唱祭、学芸会などには各教科的要素は大きい。さらに、各教科をどのような人間関係に組織化するかによって、各教科の学習過程で、独自の集団規範が社会化される。それを各教科の潜在的教育機能として捉えなければならない。しかし、学習指導要領に準拠して行われている教育現場では、機能論よりは領域論の方がわかりやすいし、その意味で受け入れられやすい。他方、授業過程で働く潜在的カリキュラムないしは潜在的社会化機能は、ともすると軽視される。自主協同学習はむしろそちらの方に目を向け、その教育機能を注視している。授業過程の競争的人間関係が学級集団をどう作り上げるか、協同的学習過程が学級の人間関係をどう作り上げるかに注目しているのである。さらに、競争と協同が学級のメンバーの授業への意欲をどう高揚しどう疎外するかを分析し意欲や積極性を高める方向で、人間関係を組織する。

　協同の関係を授業過程に組織するとデータとして第一に算出されるのは、学力中位以下の者の学習成績向上である。このことによって競争を原理とする一斉教授が学力中位以下の者の学習参加を妨げたという事実が浮上する。競争原理の支配する一斉教授は「できる」価値が優位となり、できない者は置き去りにされる。某大学の教育方法学演習で英文のテキストを使用した。優しい英文にも苦慮している学生に、高校の時の英語の授業についてた尋ねた。「高校の教師はできる人だけを相手に授業した」という言葉が返ってきた。一斉教授のシステムは学力テストの実施とその成績の公開と順位づけに象徴されるように、高い選抜機能を有する。選抜はするが成績のふるわない学習

者への教育機能は高いとは言えない。

　自主協同学習はとりわけ学力低位の者へも学習意欲を高める人間関係の構造を仮定し実践し計量的に測定・評価する。実践と測定のパラレリズムは、まさに実践家と研究者との協同によって成立する（髙旗正人編著『教育実践の測定研究－授業づくり・学級づくりの評価－』東洋館出版、1999年を参照）。

　A君という子どもが授業に意欲を持って取り組むようになるには、授業の人間関係はどうあればよいか、この仮説は、授業担当者と研究者との協同的なディスカッションで決められる。家庭環境から友達関係まで考慮に入れた授業の小集団づくりが仮説的に設定され、実践される。半年後には誰とでも協力して授業へ取り組む意欲を持てるようにすることをめざすが、最初はA君にとってもっとも良い人間関係を意図的に組織する。A君を助けることができる仲間やA君が尊敬する仲間をリーダーとして彼の学習小集団に入れるなど。

　ホームルームがなく学級担任も形式的にしかいない大学の講義の場合は、この学習集団の組織化が難しい。協同活動をいやがる学生もいる。誰と誰を組み合わせるかの基本的な学習小集団づくりが大学の自主協同学習のネックである。しかし不可能ではない。

　学力づくりの視点から授業を考える際の直接的なストラテジーは教材にかかわる視点である。とりわけ、問題解決学習的な自主協同学習形態の授業では、提示される問題（課題）の質が問われる。

　自主協同学習がもっとも仕組みやすいのは、算数・数学、学習課題の設定でもっとも力量が試されるのは国語の物語文である、と言われる。教師にとって物語文の学習課題が適切に設定できるようになれば、授業は、完成の域とされる。斉藤喜博も良い授業の可能性を潜在している教科として音楽、体育、に加えて国語を挙げた。自主協同学習の場合も例外ではない。展開は難しいけれど国語は集団思考が深まれば感動的な授業になる。自主協同学習論の授業者も教材解釈の重要性を認識していなければならない。学習者の発達段階を見通した教材解釈や教材の構造化ができるようになると自主協同学習も深

めることができる。人間関係の面で授業に参加できるようになったA君をさらに教材の観点からも授業への参加を促すことができる。

　たとえば算数・数学の文章題の学習過程の導入段階は、文章題で説明された問題の「わかっていること」「わからないこと」「求めること」は何かをまず明らかにすることである。文章題を読むことができれば、この段階では全員が参加できる。学習者同士が譲り合って発言が行われるならばA君は授業に参加できるであろう。譲り合いと発表は、集団の人間関係的処遇であり、学習課題の分析は教材解釈のレベルの処遇である。自主協同学習の授業過程はその双方から作り上げられる。

2　学習の仕方

　第一外国語の英語をある程度身に付けた者は第二外国語のドイツ語やフランス語は比較的容易に身に付けることができる、と言われてきた。それらの外国語間には共通する単語があったり、ベースがローマ字というようなこともある。しかしそれよりも第一外国語で身に付けた外国語の学び方の習得が大きく影響していると思われる。今少し一般性の水準の高いレベルで勉強の仕方一般を身に付けると試験勉強の効率が良くなることはよく知られている。現在の大学の中には入学試験がほとんど学科試験として行われず、AO入試とか、学校推薦・スポーツ推薦・自己推薦などと呼ばれる小論文と面接のみの入試方法が採用されている。このような試験で入学してきた学生は、次に来る4年後の学科の客観テストを伴う教員採用試験や入社試験において大変苦労する。学習の仕方が身についていないからである。

　従来は、この勉強の仕方の習得は、特別に勉強の仕方の勉強として教授されたものではない。少なくとも私の経験では、いろいろ勉強している内に自然と自分で発見し、身に付けたものである。英語の単語を覚えるために、綴りを口で声を出して言いながら覚える方法、ノートに綴りを書きながら覚える方法、誰かと言い合って覚える方法、等々いろいろある。その中で自分に合った方法を見つけていけばよい。それが英語以外の勉強方法に役立つ。英

語で苦労して見つけた自分の方法があれば直ちに、第二外国語のドイツ語の学習にもその方法で取り組めばよい。学習法を見つけるまでに時間がかかったのでありそれが見つかると語学学習の時間は短縮されるであろう。それが、第二外国語の学習を容易にしたということであると解釈できる。

　さらに、予習と復習をどのようにしておくと授業が理解しやすいか、ノートをどのように使うかなど、教師の側で学習方法の体系として整理し、指導する。ノートの取り方、予習の仕方など勉強一般から各教科の学習の手引きを作っての指導まで、学習の仕方の学習の指導が求められる。子どもたちの学習に対して各教科の内容を攻略する方法の体系を作ることが教師の大きな仕事となる。

　アメリカの心理学者、J. S. ブルーナー（J. S. Bruner）も「学習の仕方の学習」という概念を提起しているが、教科の学習指導研究においても、その重要性が次第に浸透した。自主協同学習論の場合は、各教科の個人的攻略方法のみならずペア学習、小集団学習、教師を含む学級集団全体での学習など多面的な授業場面での「学習方法」を子どもたちが身に付けることを求める。

3　教師の学習法による学習

　教師が習得している知識・技能・考え方などが客観性を有しているのは、他者に教えることを想定しての学習が教師自身によって行われているからである。小学校高学年以上の学校段階での、自主協同学習は学習者が授業中に学級全体で相互に教え合い学び合う内容は、授業担当の教師に近い学習が学習者に求められることになる。

　かつて、私が担当していた大学の教育社会学の授業で、自主協同学習に主体的にかかわってきた学生が見違えるように成長を遂げた事例を今も忘れることはできない。学生の間でも彼の成長を指摘し評価する評価がアンケートの自由記述欄に現れた。滋賀大学教育学部でのことである。他者に説明できるようにノートしたり考えたりを繰り返して授業に出る。そして、小集団や全体集団の集団思考場面で自分の考えを説明する。解答にたどり着いていな

い場合、どこまで考えたか、どこで躓いたか、を説明することになる。この個人思考・集団思考のプロセスが学力を付ける結果となる。

最近の学力論の中に子どもたちの生活の中で問題が解決できるような能力が大切として、あたかも生活の中の問題であるかのような解決課題が学力テストに用意されている。このような発想は子どもが少し大きくなって、問題の抽象性のレベルが上がってくるとたちまち変更を迫られるであろう。無理して生活のにおいのする場面の問題になどする必要はない。むしろ論理として、他者に説明できるようになるまで考え整理することが大切である。学習者が教師になったつもりでグループの仲間に説明し、学級の全体場面で発表したり質問に答えることが学力づくりには有効であると考える。そしてもう一度ノートに文章で解決に至った経過を書いてみる。

4　意欲

複数の子どもたちや学生のいる学級の授業において、繰り返される日々の授業に興味関心を寄せ学習への意欲満々の者が果たして何人いるであろうか。ゼロとは言わないがそんな学習者は、いてもごく一部ではないか。となると授業者は学習者の学習意欲を駆り立てる興味関心を高めるだてをまず授業の開始時に施さなければならない。一斉教授の「導入－展開－終結」の導入部分はこれである。これがうまくいけば一時間の授業は乗り切れるというのが従来からの伝統的な授業の常識である。

子どもたちはいろいろである。時代が変わると子どもの学習への興味関心も違ってくる。私は経験したことがないがおそらく明治大正期の子どもと私たち昭和期の子どもさらには平成の子どもたちでは学習への興味や関心のあり方は違っているにちがいない。それなのに、明治期と同じ一斉教授の教授段階とその展開方法によって子どもたちの興味関心を起こさせようとするのはおかしいような気がする。教室の多様な子どもたちの中には、明治期や大正期を代表するような思考形式を持った者もいるであろう。しかし多くは時代を反映した思考形式であり、教師がその変化に気づかなければ、子ども

たちは、教師へのお付き合いで興味を持ったような顔はしても、本当はおもしろいと感動して授業には入って来はしない。
　昭和時代の民主主義的風潮の中で子どもたちは、授業中の自由な発言、積極的な発表のようなことを好むようになった。先生のお話を静かに聞くなどは苦手である。多動性ADHDと診断されたような子どもは、学習者の主体的な質疑発表を中心として進められる授業では、そんなに目に付かないのではないか。多動性は一斉教授という授業形態が作り出す病気ではないのか。教師が変われば子どもが変わると言われながら、教育実習は昔のままである。一斉教授は入門期の授業形態であろうか。百歩譲って、そうだとしても、子どもの実態によっては、自主協同学習という方法でのアプローチがあるということを教生に教育実習で体得させるべきではないか。教生には難しいとすれば、大学院に現職教員が帰学した際に再教育として体験できるように準備が整えられるべきである。
　自主協同学習が一つの選択肢として教育実習で教授されるほどには、指導できる教師が小中学校の現場にも大学にもいないのが現状である。ADHDの子どものカウンセリングではなくして教師が授業形態を変えることによって対処することが有効なのではないか。ADHDは学級の一人の子ども、そのために残りの30数名の子どもも自主協同学習に慣れなければならないのか。と言われるかも知れない。認識不足である。現代の子どもたちも青年たちも、受け身の立場でお話を聞くよりも、自分で話したり質問する方が好きなのである。今は平成30年である。明治でも大正でも、昭和の初期でもない。戦後の民主主義の中で育った親の子、いやその子たちのさらに子どものジェネレーションである。明治時代、授業研究会で「五段五段で汗水流し今日もおなかがヘルバルト」と言われた明瞭・連合・系統・方法（予備・提示・比較・概括・応用－ライン）というヘルバルト（派）の教授段階説、その流れを踏襲する「導入・展開・終結」は教師としてはもっともやりやすい教師主導の授業過程であるかも知れない。その意味で導入段階ではやむを得ないかも知れない。でもこの授業技法では興味を授業に向けない子どもがいる以上、教師は

変わらねばならない。他の授業ストラテジーを持ち合わせていなければならないのである。一斉教授が教師から仕掛けられる授業であれば、子どもが学習主体として活動する授業形態が自主協同学習である。

　ある時、自主協同学習がかなり成熟した時期の勝央中学校に新しく教頭が転勤してこられた。6月頃滋賀大学から専攻科の学生諸氏（管理職前の現職の先生方）と訪問した際に、その教頭先生から、授業をどのように進めたらよいかわからない、教えて欲しいと言われたことがある。
「ここの子どもは、こちらが授業を進めようとすると、先生私たちでやりますから見といてください。と言い、教師は出る幕がない。一体どういうふうに教師は授業にかかわったらよいのでしょうか。」
という質問であった。このようなベテランの教師であっても自主協同学習の構造が把握できていなければ、授業を進めることはできないのだ、ということが身にしみてわかった。

5　マンネリ化による低迷

　他方、教師も生徒たちも自主協同学習に慣れてくるとまた問題が起こる。これは中学校から大学まで同じである。子どもたちは形式には容易に飽きてしまう。授業には今日の課題が用意されて、それについて考え、意見を発表し話し合って、課題解決に迫る学習形態はスムーズに流れるようになるが、表面的形式的な話し合いで、すらすらと問題が解決されたように展開する授業では、集団思考は深まらないし真の学習は成立しない。このような授業を繰り返していると、子どもたちも教師もマンネリ化して授業に退屈になってくる。これを打開するのは教師の問題提起である。深い思考を導く教師の問いかけが子どもたちの自主協同学習への切り込みを深める。そのことを可能にするのは、教師の教材研究を置いて他にない。一斉教授においても教師の教材研究が深まっておれば子どもたちを高い集団思考に導くことができる。この意味で教材解釈や教材分析と言われる教師の授業の準備は避けて通れない。自主協同学習の場合は、その上に、子どもたちが次に進もうとしている

話し合いを止めて、子どもたち自身が考える価値があると思う質問を提起しなければならない。この仕事が容易ではない。私の場合、準備万端整えて2年生の教育方法学講義を自主協同学習形態とした。多人数であったが、学生たちも張り切っていたし、よい学習ができたと思った。ところが次の年も同じ教材で同じ展開をやったところ、最初ほど手応えがない。学生たちも意欲的な取り組みを見せない。形式的には手際よく授業を進めるテクニックを大学生たちは身に付けていくが、深めるより時間通りに進めようとする焦りが目立った。テキストの頁数を増やした授業ではうまくいかない。教材は少ない方がよい。司会者が時計を見ながら先を焦ると上滑りになる。急ぐより教材量を少なくしてじっくり多方面から考える時間を取るべきである。これが自主協同学習成功のカギである。このように言うと、必ず帰ってくる反応は、授業が遅れるである。

　このような文脈で滋賀大学時代に出会った佐川愛子先生のことを思い出す。佐川先生の授業は典型的な自主協同学習だった。学習指導形態も授業の進行も自主協同学習そのものであった。そしておそらくこれほどの効果を上げた授業も珍しい。佐川先生の授業を見ていると自主協同学習はただ形式的に授業形態を整えただけでは、教育の本質には迫れないのだということを思い知らされる。結果は、「11月頃に算数の教科書が終わってしまって、あとの1学期半ほどの教材を探すのが大変」とおっしゃる。授業が遅れるどころではないのである。子どもの力がついてくると教材は自ずと飛躍する。四則計算の力がついて計算が速く正確になる、文章題を読み問題の構造を把握してそれに適切に対処できるようになれば、文章題も簡単に解けるようになる。子どもたちも自分たちで進める授業が楽しくなる。チャイムが鳴るのをみんな喜々として待っている姿に私たち参観者は出会って驚く。普通の授業と違うな、と思ってしまう。学期末に行うまとめのテストの学級平均点は98点以上、標準学力テストでも80点以上である。子どもたちに授業を任せると教材が遅れることはない、授業が進まないことはない、学力が付かないということもないのである。

6 「学力がついた」

　学力については、新潟の大竹敏夫先生が書いた新潟市の教育研究所報のレポートの例がある。「自主協同学習は学力が上がる」のである。このレポートよりずっと後、昭和50年代後半、新潟市内宮浦中学校が生徒指導上の問題を多発し、生徒指導の方法を改善しようとしてもがいた時期があった。校内研究会に何度か参加した。私は持論、全員参加の授業への改造こそ生徒指導、というスタンスで臨んだ。生徒中心の授業への改造である。私の参加していない校内研修会ではこの構想は多くの教員によって真っ向から否定されたらしい。できるわけがない、そんなことやれば学力は付かないし、授業は一層荒れるだろう、という意見が大半を占める。そんな中、説得できるのは授業実践の公開のみである。大竹先生は社会科の授業を公開した。それを見せられた他の教員は授業改善の提案を否定することはできなくなった。授業・特別活動・学校行事など学校カリキュラムの全体の大変革に着手する中で、生徒指導上の問題は影を潜め、沈静化していった。生徒の学力はテストテストで追い込んで高めるものではなくして、学校生活全体の中で自分が他者との助け合いの中で勉強することの意味が生徒間に共有できるときに意欲を持って授業に取り組み、学力は付いてくるものである。生徒指導と学力づくりのパラレリズムである。

　不登校傾向のある女子生徒が保護者の転勤によって新潟市内に引っ越してくることになった際に、教育委員会で保護者がどの中学校を選ぶべきか尋ねた。教育委員会は宮浦中学校なら大丈夫と推薦した。競争原理によって動機づけられ点数を上げる方式の勉強は競争がなくなれば意欲が低下する場合が多い。負けるからではなくみんなと学ぶ楽しさを知り、一人で学ぶ方法を身に付けたとき、勉強への取り組みは続く。生涯学習社会は一部のより抜きの人材だけが学習に取り組めばよいのではない。国民みんなが生涯にわたって勉強しなければ、社会の流れは滞ってしまうであろう。そのような社会への対処戦略は、自主協同の学習の方法を体得することである。学校は、そのような学習方法を子どもたちに身に付けさせることで、学力づくりと生徒指導

を統合発展させることが大切である。

7　基礎学力は自主協同学習によって高まるか

　この問いへの正確な解答は、そのクラスの子どもたちには、なぜ学力がついていないか、その原因による。自主協同学習は基礎学力に対して万能ではない。学習形態を変えたからといって、すべてが学力向上になるとは保証の限りではない。新潟市のM中学校や滋賀県のK小学校、岡山県の自主協同学習発祥の中学校S中学などは、確かに、学力テストの結果が上昇した。これをもって、自主協同学習は学力が付く、と一般化することはできないであろう。学習者の学力形成を規定する要因は多様である。

　しかし現在の授業では多くの場合、授業の人間関係にアプローチすることで、全員の学習参加を促し、人間関係によって活動が阻害されていた子どもたちは解放され、学力が伸びたのである。

3章　学習者が創る授業

1　学習者主導

「やはり一斉指導の方がいいということか」

　四苦八苦して中学校の授業改善を進めようと議論している最中に、当校の研究主任からこんな声が聞こえてきたことがある。3年間にわたり進めてきたが、誰も自主協同の理論と理念を理解することが難しく（理解しようとする意欲がなく）、授業改善の方向が固まらない。モデルとする授業が校内のどの学年にも全く現れてこない、大規模中学校とはいえ、このような学校も珍しい。先のような言葉を発する研究主任というリーダーが自主協同学習を理解できていないのだ。自らそれを自覚しておられて、

「研究主任失格ですな」

と気軽に口にされる。今やらなければならない授業の改革なのだということをリーダー自体が認識自覚できていない。こんなところで、いくら部外者が説いても、ことは進まない。私はおとなしく引き下がった。

　しかし、後日、何年か後、滋賀大学教育学部附属中学校におられた西村校長先生が赴任されてから、授業は一変した。先生のご退職年度の1980年代も終わろうとする頃開かれた公開研究会に参加することができホッとしたことを今でも忘れられない。

　自主協同学習の難しさは、授業を教師が主導するのではなく、子どもたちがリーダーシップを取って進めることから生じる。教師はそれをサイドで見ながら適切に介入する。あくまでも授業進行の主体は子どもにしておかねばならない。そこで教師は教育内容に精通していること、子どもたち一人ひとりを知り、よく子どもの思考過程を操作できることが求められる。子どもたちが教師に対して愛着と尊敬と信頼とを持つことで、そのことは可能になる。このような教師にどうしたらなることができるのか。ベテランの先輩の教師

モデルへの同一化である。1回の教育実習や教職科目の机上の勉強では、こうはなれない。子どもと教材と格闘する中で得られる教師力なのである。その修業には大学卒業後10年はかかる。この卒業後の10年を加味しての教員養成を計画しなければ、教員養成系大学の教員養成課程とは言えないのではないかと思う。

　小中学校に卒業と同時に就職して教員生活を継続した同級生たちの生き様を目の当たりにし、またインタビューした結果を踏まえて、教師の仕事を考えるとき行き着いた結論は、新採用後10年間の修行ということであった。私は小中学校の教師を体験していない。体験していないからわからないのではなくして、していないが故によく見える。ある中学校に呼ばれて、校内研究会に参加した。女性の先生の体育の授業を1時間参観した。経験豊富に見えるその教師は自信に満ちた授業を展開された。私は、コメントする前に、ひとつの質問をした。それはその授業中に活動が消極的であった5人の生徒について、なぜ消極的なのか、また、どういう処置を講じておられたか、その処置でいつもの授業場面とどう違ったか、を尋ねた。生徒たちはゼッケンを付けていたから、てっきり、一人ひとりの活動をチェックするためのゼッケンであろうと思ったからである。ところが担当の先生は、私が尋ねた5人のゼッケンと生徒が結び付かない。したがって私の質問には全く答えられなかった。私は悪いことをしたとも思ったが、一人ひとりの子どもの状態を把握しないでは授業は構成できないこと、とりわけ日常的に体育の授業に消極的な子どもについてはよくその原因を把握して指導計画を立てるべきではないかと申しあげた。これが研究会に参加し、私が現場の中学校の授業を見た最後であった。だからよく憶えている。受講者をマスとして捉え、ごく一般的に行われている一斉教授、これでは不登校、勉強嫌い、校内暴力、いろいろ起こってしまう。学力も、できない子には付かず、彼らにとって学校の存在意義は半減する。教師が一人ひとりを支え、さらに、子どもたち同士が支え合う関係を授業の場で作り上げていかなければならない。その地平に自主協同学習という授業が位置づけられるのである。自主協同学習は意図的に奇

を衒うための学習形態ではない。授業のあるべき姿なのである。

2 「教員養成」

　ここで少し横道にそれる。自主協同学習であれ一斉教授であれ、あらゆる学校授業に優れた実践を行うために、書物からその理論と方法を読み取れることは大きな力となる。したがって、教員養成のもっとも大切なことの一つは、読書力である。私は卒業論文の指導と合わせて、授業論に関する文献を読み取るということの重要性を説き、学生をトレーニングした。これは現場に出て痛切に感じた教師力の一つであったからである。

　しかし、よい実践ができるためには、大学や大学院で書物を読み、通りいっぺんの教職の勉強をしただけでは一級免許状にも専修免許状にも値しない。それらはあくまで授業者への出発点である。教育現場に出て、学級担任をしながら、自分の授業を反省し、他の教諭の優れた授業を見る。そして、尊敬できる授業者と出会い、その授業者に同一化することである。そして、その授業者を含む周囲から授業の批判を受けながら自己形成を行うことが必要である。現在の教員養成概念には現場でのこの部分が欠落している。斉藤喜博が自宅を開放して行った教師塾をはじめ、無名の多くのこのような教師塾的な学習の場が過去にはあった。

　本来の「教師養成」は最終的にはここで行われたのである。

　話を自主協同学習に戻す。自主協同学習がうまく学級で機能する場合と導入がうまくいかない場合とがある。学習者が主導だからである。教師主導の一斉教授でさえも必ずしもいつもうまくいくとは限らない。それが、教職免許状を持たない学習者たちの主導によるのだからことは簡単ではない。授業がうまく進むようになったということは、この自主協同学習への授業改善の一つの重要な目標が達成されたということである。学習者の自発性や協同活動力、学習の仕方、学習集団規範の内面化、など集団としての学習過程の見取り図が学習者に学び取られたということである。このようでないと自主協

同学習はうまくは進まない。

　それでは自主協同学習を成立させるための重要な要素はいかにして学習され学習者に内面化されるか。一つはこの授業形態を形式として強制的に実行させることも不可能ではない。しかし、これは本来の自主協同学習の理念の反対極にあるやり方である。自主協同を強制することだからである。形はでき上がるであろうが、その本質において全く異質の授業である。とはいえ、導入初期には授業のあり方の形式を教えて、授業の流れを子どもたちが作れるようにしなければならない。それだから勝央中学校は、まだまだ邪道、自主協同ではなく、自主的協同だ。と自らを戒めてきた。先生方はよくわかっていたのである。同じことが滋賀県の今津中学校でトレーニングされた松見茂先生についてもいえる。ある時モデル校がなくて、新潟の人たちを案内したのはこの松見先生の授業である。先生は今津中学校から転勤されて当時は高島中学校におられた。ご自分の授業のみで全校体制での取り組みではなかった。松見先生は、理科の先生であった。教員養成系の大学学部の御出身ではない。今津中学校で、すんなりと私の考えを受け入れてくださって授業を変えられた。高島中学校に職場を変わられても自分ひとりになられても、この授業形態しかないと続けられていた。しかし、松見先生は「私の授業はまだ邪道ですよ」とおっしゃる。学習の手引きを与えやっと生徒に授業の主導権を委譲しているのだから本物ではない、とおっしゃる。それを聞いたとき私は松見先生はやはりわかっている。とうれしくなった。形式から入ってそれがある程度定着しても、本物にするために、そこから先がまだ改造しなければならないものがあるという認識は貴重である。これこそが、マンネリを避けて毎時間を生き生きとさせる源泉である。「自主的」段階から「自主」へ　勝央中学校も松見茂先生もここで苦慮されていたのがマンネリ化を阻止できた大きな要因であったと考える。

　この段階になると授業改善は教師の自己研修にゆだねられる。教材解釈や子ども理解をめぐる独自の自己研修によって、それぞれの教師が獲得しなければならない教師力である。他の教師や研究者とのグループディスカッショ

ンの場として校内研修の制度化が求められる。

　自主協同学習形態の授業においても、潜在的には授業のリーダーである教師がもっとも深く自主協同学習を理解していなければ、子どもたちに授業進行を学習させることはできず、リーダーシップを委譲できないのである。

3　わたしの大学の授業の改革、「一斉講義」から「自主的協同学習」へそしてマンネリ化へ

　国立大学を定年退官して1年休養を取った後、岡山市の北区にある私立大学に再就職が決まった。主たる目的は、子ども学部という新学部の設置であった。が、持てるだけの授業を用意してまたしても学生の前に立った。高齢者というだけで学生は授業を聴こうとしない。本学で私が担当した科目は少人数のものが多く、比較的授業はやりやすかったのであるが、いよいよ新学部ができ教職科目を開講すると必修科目には定員いっぱいの学生が集まる。そうなると80名くらいの学生が一堂に会して講義を聴くことになる。正直私の講義では15分程度しかもたない。あとは私語とメール、居眠りなど、講義をやっている方はたまったものではない。そんな中で教材を次々と準備して聴かせる講義のできる若い教員もいる。科目にもよるが、私はそんなに器用ではない。

　本学に入ってくる学生たちはよく見ていると、聞く、読む、書くは苦手である。話す、活動するは得意であることに気が付いた。得意を生かさない手はない。自主協同学習だ。私は実験を始めた。新しい授業改革に協力して欲しい旨学生に投げかけてみた。学生たちは意欲的である。その時の学年は記憶に残る積極的で授業の自主協同化に協力的な学年であった（詳しくは本書第1章2章を参照）。

　私は自分の授業を全学にすでに公開しておいた。授業が成立しないで困っている教員は少なくなかったので、空いている時間帯で参観に来られた方もおられた。感想をいただいたのを見て、あまりにも通りいっぺんの感想が多かったので唖然とした。

中には、「いい学生ばかりを集めて授業がうまく進行した」というようなのがあった。私は意図的に良い学生ばかりを集めたりはしない。そんな方法を知らない。教職科目の授業を開講してそれを選択してきた学生に授業を自主協同学習形態で実施しているだけである。20歳若かったならば私は言っていたであろう。ではこの学生集団をお貸しするから自主協同学習をご自分の科目でやってご覧いただきたい、参観させていただく、と。授業ということについて大学の教員たちがいかに無知であるかを思い知らされた。

　その中で一定の評価をされたのは、ご自分でも自主協同学習というような本を複数冊出版されている松畑学長であった。全体研究会の講評でそのことは発言されたので他の教員も再認識していただいたのではないかとも思う。と言うのも、その後、何名かの方から、まねてやっている、なんとかうまくいくようだ、などのお声をいただいた。まあやってみるものだと。髙旗方式によるなどと書かれた学習の手引き状のものまで発見して、少しはお役に立てたかと。

　さて、そのようにしてある入学年次の学生たちにはうまくいった自主協同学習も、迫力が感じられない年もあった。同一の教育方法学で同一の教科書を使って授業の進め方も同じことをやっているのだが学力が付いていないことが授業中の反応でわかる。漫画を書いて時間をつぶしている女子の学生もいた。これはいけないと思った矢先に私の任期が切れて退職した。

　自主協同学習のマンネリ化が怖いことはすでに30年も前に、居村研の同級生で私の滋賀大学転勤と同じ年に同附属学校に転勤してきた安原さんから言われていた。現場の先生は気づいていたのであろう。私は、導入の方法や授業過程の技術のシステム化に気を取られて、マンネリ化には耳を塞いでいたのだ。それが自分の身に降りかかると、逃げてはいられなかった。しかし実験すべき授業を奪われてどうしようもない。私は大きな課題を残し未解決のままになった。

4　形式から本質へ

「授業形態の変革は形式から入って本質的なものへと変容させるのがよい。」
と説いたのは、岡山でのNHKの放送教育導入に滋賀県に続いて２度目の参加をしたとき、放送教育推進派のグループの指導者の方が口にされた言葉だ。私も自主協同学習の導入はそのように考えていたので、変容すべき授業の理念と形式は違っても、やはり同じ経過をたどるものかと再認識させられた。加茂川中学校は自発協同学習の導入において、形式を生徒に与えることを極端に嫌った。生徒たちがまず学習への課題意識（学習意欲）を高めることが自発協同学習の出発点、学習意欲があれば自ずと協同は生まれる、と考えられていた。信川校長は生徒たちが学習への意欲を持つよう、ありとあらゆる刺激を与えた。学習への意欲はあるはずだ。それを沸き立たせよう。ジュースだジュースだ。昭和30年代、当時のジュースの自動販売機はジュースが撹拌されているのが外から見える。ジュースが中で沸き上がってくる様を見て授業中の生徒に、ジュースだジュースだと檄を飛ばされた。生徒たちの心の奥底には学習への意欲が秘められている。それを解放することで学習への自発性は発動されるという考え方であった、と思う。

　言葉によるコミュニケーションレベルで見れば、授業中教師はこのように呼びかけて生徒たちを鼓舞していた。生徒たちはそれに答えるように次第に自発性を高め授業に参加するようになっていった、ように見える。しかし、果たして、生徒たちの自発性は教師のこのような呼びかけだけで生まれ、沸き上がったものであろうか。加茂川中学校の自発協同学習の場面では、発言が、間違い発言も含めて何よりも高い価値が与えられていた。だから生徒たちは何でも発言した方がよいのだと思うようになっていった。「言わせてください」「読ませてください」といった意思表示が褒められる状況であった。そして、発言することは、奨励されることはあっても、間違って友達や教師から非難されることはない。誰でもいつでも質問もできた。質問することが奨励された。どう発言しどう質問するかは上学年の授業を入学時に参観して

見ていた。このような状況の中で、「ジュースの自動販売機」が提示されたのである。

　授業中の生徒たちは、教師の基準を理解し自分のものとし、先生が喜ぶように行動したいという欲望を潜在意識の中に秘めている。担任の教師に対する愛着と尊敬と信頼が厚ければ厚いほどその欲望は強い。

　加茂川中学校の授業を参観していて、生徒が次々と発言するのは真の自発性というよりも、授業とは、こうするものだという子どもたちの捉えた新しい授業像から派生する行為と見た。その授業像は、教師が与えた授業の形式である。先生が言うからそうしている行為である。私は、あまり遠慮することなく生徒に新しい授業の形式をイメージさせるよう指導し、一定の協同学習形態ができ上がったところで学習への興味や関心を高めていけばよいと考えた。

　形式からではなく、学習意欲を高めることから新しい授業形態を作り上げていくことができればよい。しかし、学習意欲を高めることは、いかにして可能か、そう簡単ではない。それは、今まで、学校教育が始まって以来求められてきた永遠の課題ではないか。一人ひとりの子どもたちが意欲的に授業に立ち向かうように、教師が外部から働きかけることは、至難の業である。教材提示の方法を変えたり、教材そのものを変えたり、発問の仕方や方法を工夫したり、学習指導研究の歴史は、子どもたちの学習意欲掘り起こしの歴史であった。しかし万能薬などない。私は、教材・教具ではなく、教育社会学の研究者の立場から授業の人間関係とそれを作り上げる集団規範や集団の組織を変えることで学習への妨害条件を取り去り子どもたちの学習意欲を高めようとしたのである。そのアプローチでは、子どもたちには新しい授業のあり方として新しい授業行動の仕方を教え込まなければ、授業は成り立たない。形式ができ上がることで、子どもたちには授業が楽しくなるのである。自転車の乗り方を習って自転車に乗れるようになるのと同じように、授業での学習者の行動の仕方として新しい授業行動を身に付けて、授業が自分たちでできるようになることは子どもたちにとってうれしいことである。大学生

でさえ、私の授業で、自主協同学習が定着してくると、発表の当番は前の授業が終わるや教室移動をして発表準備に取りかかる。そのような行動は学習意欲として評価することができると思う。

　学習者の気持ちの中に学習意欲を沸き立たせるのは、教材への興味関心、教師の教授法の魅力、などとともに、授業における役割や人間関係の次元がある。従来間接的要因と考えられてきた役割や人間関係を分析して構造的に組織すれば、授業の集団でいろいろな潜在的地位に置かれている学習者を学習の主体の位置に連れ戻し、学習への意欲を高めることができる。この授業形態の原型をつくったといえる広島県の加茂川中学校では「ジュースだジュースだ」と生徒を鼓舞し、教師は、授業の形態から入る授業改革を否定しながらも、私の目から見ると教室の机を、教卓を中心に、コの字型にして、二重に並べ、教師はその外にいた。生徒が中心なのだ、を形態として形作って見せた。ここに、理念を表現する形態が必要であることが明らかになる。子どもたちが授業を進めるためには、子どもたちに理解され実行される、しかもすべての学習者にとって楽しい授業過程のあり方が示されなければならない。子どもたちには時間はいくらでもあるのだから、それが楽しく自分が変わることがわかれば彼らはいくらでも努力をする。

　宿題などいやがって自分からやったことのない子どもが、明日の社会科は学習係だから教科書の説明をして考える問題を出さねばならないとなると、一生懸命教科書を予習して説明ができるまで、自分のものにしようとする。予習しても、一斉教授の場合は指名されるかどうかわからない。自主協同学習の場合は必ず自分の説明はなされなければならない。一斉教授で教師が指名──生徒が応答発言──教師が評価を行うだけでなく、教室の多くの仲間たちが反応する。こんな役割をサボることはできない。その結果、学習内容がわかり、自分が変わり、仲間とのコミュニケーションも豊かになって授業が楽しくなる。これは小中学生だけではない。私が、勤務の最後に行った自分の授業における大学生の場合でも同じである。

　今の日本の大学生の何割かは、大学教育が用意する学問に対して、ブルー

ナーの言う外的動機づけも内発的動機づけも希薄である。彼らに対して、たとえば教育学の授業に漫画の教科書を作ってみても興味の持続には限界がある。むしろ授業形態の変化で対処すれば、発表係や質問係またはまとめの係に当たったときは、自分のこととして教科書や他の教材を中心に予習をする。ある程度深く授業に関与することになる。これが教育学学習へのきっかけになることは少なくない。

　形態から入って、本質に迫るとするのが現代の授業改革の筋道である。子どもたちに授業過程の役割と授業の進め方をまず身に付けさせて、授業の効率と質が落ちないようにすることである。学習という行為は、他の多くの行動と同じように慣れが必要である。一斉教授の方法に子どもたちは慣れているから、前もって受け入れ準備ができる。教師の話を受け入れ自分のものにすることも学習者によっては容易であるし、適当に聞き流すことも上手である。わからなくてもなんとか授業時間に耐えることもできる。

　でも、この形態を自主協同学習形態に変更すると教材にどう取り組むか、話し合いをどう展開するか、試行錯誤しなければならない。そこで、ある程度の学習の進め方をまず身に付けさせることが授業の効率化には必要である。

5　自主協同学習の質を高める：学習方法の開発

　小学校高学年以上では、自主協同学習の形式は子どもたちはそんなに手こずるものではない。早々に身に付けて実践できるようになる。しかし、それだけでは、自主協同学習への魅力を失い、マンネリ化して子どもたちは飽きてしまう。学力も付かないことになる。授業の質を高め、子どもたちの授業への魅力を継続させるために、授業は一人ひとりの子どもたちの学ぶ内容が多く、かつ効率的であり、自分が変わったことが実感できるものであることが求められる。そのために授業者がやらねばならないことは多様である。子どもたち一人ひとりが授業に参加した結果「自分が変わった」と実感できるように授業を運営することが教師に求められる。子どもたちが運営する授業の中にどのように教師が入っていくか。それは、事前にか、事後か、途中で

か、判断が求められるところである。思い出すままに、事例を挙げてみよう。

1）わ・た・か・し・こ学習（木之本小）

　滋賀県の北部木之本町立木之本小学校は同じ学区の杉野中学校の子どもたちを見て、自主協同学習の導入に踏み切った。何年か後に公開研究会が行われて、行ってみると授業は相当変わっていた。男性教諭の高学年の算数の授業が今も印象に残っている。

　これから取り上げる文章題が黒板に用意されている。学習係がそれを全体に向けて読み終わると、
「それでは、わ・た・か・し・こ学習に入ります」
という学習係の指示で小集団の話し合いに入る。無駄のない展開である。

　　・わ：わかったこと
　　・た：確かめること
　　・か：書く（文章で書くこと）
　　・し：式（立式のこと）
　　・こ：答えを導く

　以上の順序で小集団の話し合いを進めようということだ、ということは、後にわかった。算数（文章題）の時間には、大体まずこの順序で小集団で話し合うことから、授業に入っていけばよいと子どもたちが考え出した授業の方法であった。教師がそれを支持し授業に定着させた。このような独創的な授業展開法が子どもたちの中なら生まれてくると授業はまさに子どもたちのものとなる。教師はそれを全面的に受け入れてクラスの財産としたところにこの学級の成長がある。

2）理解の相互点検（甲南中）

　滋賀県甲賀郡にある甲南中学校で人権をテーマにした研究指定を受けることになった。授業の過程で「できる人、わかる人、読める人」ばかりが主人公になり、できない者、わからない者、読めない者が参加できないようなこ

とにならない授業の形態を模索した。授業の過程そのものを人権の観点から見直した結果、行き着いたのが、自主協同学習の導入であった。

　公開研究会の際に３年生の数学の授業を参観した。男女３組６人のグループに編成されていた。授業の終結段階で小集団の話し合いに移った。男女が今日解いた文章題について理解を確認し合った。授業参観をしていた私の前にいた６人グループはまず全体で今日の授業で習った文章題の解法を復習した。続いて、男女がペアになってさらに理解を確認し合った。その確認方法に特色が見られた。まず男生徒の方が女生徒に対して、「わかった？」と質問する。女子の生徒が曖昧にうなずく。それを見て男子生徒の方が、「じゃ、もういっかい説明するよ」といって、自分のノートを女子生徒の方に向けながら、解説して、「わかった？」。説明を受けた女子生徒の方が、「うん、大体」と答えた。「それじゃ、僕に、もう一度説明してみ」といって、女子生徒からの説明を求めた。しどろもどろであったが女子生徒からの説明が行われた。「わかるまで尋ねる、わかるまで教える」授業の方法の一つである。この終結段階のグループ・ペアでの学習確認が全員の学習の深まりと学習への全員参加を発展させるものとなった。人権の視点から見ても学習の質の公平性を高めることができるものとなったであろう。

3）学習ノート：朽木東小学校

　同じ滋賀県の高島郡の一級僻地校、朽木村立朽木東小学校へ、今津中学校の研究主任として自主協同学習を導入した地村末相氏が赴任された。この新任教頭が来られるまで、私は何度となく、僻地教育の一環として授業の改善ということでこの学校に入っていたが授業は一向に変わらなかった。今津中学校の名研究主任地村先生がこちらに転勤されて、自主協同学習は急速に各学年に定着することになった。今津中学校で行われた学習方法は、小学校用にアレンジされた。その一つに、ノートの形式がある。ノートはそれまで、主に教師の板書を写す。算数であれば自分で解いてその過程を記録することなどであった。漢字を練習することもあったが、それは宿題の部類に属する。

きわめて受け身的な使用にとどまっていたが、今度は少し様子が違った。すべての教科で、同じ形式の枠がノート上に作られた。①今日の学習の課題 − ②自分で考えたこと − ③グループで考えたこと − ④全体で考えたこと − ⑤この授業でわかったこと − ⑥この授業でわからなかったこと − ⑦自分の良かったところと反省点など、学年によって発達段階に合うように少しずつこれを作り替えた。授業を自分の主体的な学習過程として発想の転換をしたことがわかる（講座自主協同学習（全3巻）明治図書、1981年を参照）。

4）学習の手引き

「学習の手引き」というものは勝央中学校で作られたと思ったが、一瞬、もっとあとではなかったかとも思い、当時の研究主任、高橋典男氏に確認のための電話をした。間違いなかった。勝央中学校ですでに作られ、生徒に配布してそれに基づいて家庭学習を行い授業を展開していった。生徒主導とはいえこの「学習の手引き」による授業展開であったから勝央中学校では、自分たちの行っている自主協同学習は、自主的協同学習だと一歩下がった。日本の公立中学校は他の学校種と同じように、年間授業時数は決まっている。教材内容も教科書によって決められている。一斉教授の教師主導であれば、授業展開の速度はある程度は調整できる。しかし生徒たちに主導権を与えた場合そうはいかない。「わかるまで尋ねる。わかるまで教える」といった学習場面を作っていこうとすれば、ある程度の学習の筋道を示し、それに沿って生徒たちが授業を進めることができなければ、教科書が終わらない場合が出てくるであろう。それは許されない。そこで誰が学習係になったとしても、具体的な今日の一時間の授業が進められるように、授業展開の過程をあらかじめ生徒に手渡しておく手がある。

「（学習目標の確認）――（点検バズ・発表準備）――（課題発表）――
　（全体学習）――（学習のまとめ）――（次時の課題確認）」

これが形式的な学習過程である。「学習の手引き」はこの過程に各教科の単元の本時を反映させて作られる（第一巻、82頁参照）。

伝統的な日本の一斉教授の授業展開は明治期に入ってきたヘルバルト派の考案した形式段階で、5段階教授法と言われるものであった。予備－提示－比較－概括－応用という形式段階に特定の教材を当てはめどのように展開するかが当時の授業研究であった。いろいろな批判はあってもこの形式段階の考え方が授業研究を生み日本の授業を発展させたことは間違いない。自主協同学習も学習者が授業を主導するという観点からの「学習の過程」モデルが与えられることが有効である。しかもこのモデルと学習ノートの形式とは緩やかに対応していなければならない。

5）個人カード（佐川先生）

某中学校の校内研修会に招かれて久々に中学校の体育の授業を参観した。生徒たちはゼッケンを付けていた。私は研究用だと思った。女性の先生による女子だけのバレーだったと思う。これがこういう授業参観の最後になると思ったので、私としては、いつになく緊張して真剣に授業を注視した。

午後からの研究協議の場で、私は活動しなかった、ないしは、授業へのコミットメントが希薄と感じた5人の生徒のゼッケンを挙げて、生徒たちの様子と消極性への本時における手立てについて質問した。まず担任は、私の挙げたゼッケンと生徒の名前が結び付かなかった。

私は、授業とは一クラス35人いても、その一人ひとりの指導の課題を授業者はもって授業に臨むべきであり、学級をマスとして捉えるのではなく、「一人ひとりの子どもからなる集団」と認識すべきだと伝えた。だけど、複数の生徒と教師が同じ目的をめざして活動するとき、それは、完全な個別指導であるべきではない。集団指導でなければならないけれど、その際個が見えないようでは、授業の効果は半減する。授業の過程には集団の側面と個人の側面とがある。

すでに小学校においても佐川先生は、個人記録を取りながら、机間巡視をする。「この子はどこで躓いているか」を明らかにして指導に役立てていた（佐川愛子「認め合い、高め合いがある授業づくりの進め方」髙旗正人編著『ど

の子にも居場所がある学級づくり』明治図書、1995年、116頁参照）。一般的には、このメモの方式は、個人カードとか、カルテと呼ばれた。この実践は後に行われる研究協議の際にずいぶん役に立った。なぜあの質問を先生はあの時あの子どもにしたか、なぜ指名して自分の考えを板書させ全体に発表させたか、研究会で佐川先生は自分がやった授業中の処遇をすべて説明された。それは個人としての誤りであったり、遠回りの解法である。学級の子どもたち多くが犯している遠回りの解法の問題点を学級全体で正しく認識させる話し合いに、その板書から導くことができる。

　板書をして解法を発表した子どもは特に強く印象づけられ、おそらく二度と誤った方法を使うことはないであろう。同じ方法で解答をした子どもたちもみんなで修正した正しい方法をしっかりと認識するであろう。個人の側面と学級集団全体の側面からの教師の指導は、学力を全体にも引き上げることになった。「意図的教育」という言葉があるが、個人の側面と集団の側面とを踏まえた「意図的授業展開」であった。

　横道にそれるが、佐川先生の担任したクラスは、とりわけ算数の授業においては、標準学力テストの平均点は100点満点の95点くらいにはなっていた。11月頃には算数の教材は全部終了して、「あと3月まで取り上げる算数の教材作りが大変です」と話されていた。隣のクラスを担任した、新採用の教師が「佐川先生と一緒の学年のクラスになるのはいやだ」と私に漏らしたことがある。「よく教えてもらって、自分のものにすることだ」と言っておいたけれど、その後のことはわからない。

6）遠足のおやつ代（酒井先生）

　昭和44年、私は、3年間の広島大学助手の生活に終止符を打って、滋賀大学教育学部に、晴れて講師として転勤赴任した。3年間の助手時代には、学生時代に知るよしもなかった大学教職員としての生活を支える様々な面を教えられた。広島大学は激しい大学紛争のさなかでもあった。滋賀大学は、全国の国立大学では珍しい、当時まだ学生による大学紛争が始まっていない大

学の一つであった。送別会の席で、挨拶の中でそのことを話すと大変うらやましがられたこと、今も印象深く憶えている。

　そんな滋賀大学で、現場の先生から初めて電話をいただいたのは、その後長いお付き合いとなる草津市立老上小学校の酒井淳二先生からであった。
「なぜ、私がここにいることがわかりましたか。」
ふとそう尋ねると、先生は、
「明治図書の『授業研究』誌を見て、先生の所属が滋賀大学に変わっているので電話してみました。」
と言われた。すでにこのエピソードには先の章で触れているが、その酒井淳二先生が4年生を担任している4月のことクラスで遠足をより楽しくするためにどうしたらよいか相談をしていた。その時問題が起きた。全校の児童会で決めているお菓子の金額の問題である。確か150円までのおやつを持っていってよいということになっていた。ところが子どもたちにとっては、その金額では、2種類しかお菓子は買うことができない。あまりにも少なすぎる。ということで、せっかくの遠足を楽しくするためには増額して欲しいと先生に詰め寄っていた。これが、子どもたちに自由な発言を誘発し実践させようとする学習形態の難しいところである。担任がこれに対処できなければ、授業は混乱してしまい、何も新しいことを子どもたちは学ぶことができない。やはりこの学習形態はだめだということになってしまう。

　かなり長い時間を取って話し合った末、酒井先生は、
「今から、児童会で決めたことをこのクラスの意見で変えるということはできない。150円では2種類のおやつしか買えないとしても、みんなで協力すればもっと多くのおやつを食べられる方法はないか、一度グループで考えてみよう。」と提案した。

　そんな方法があるだろうか。子どもたちは、自分たちの問題として一生懸命議論した。生活班でもあり学習班でもあるクラスに編成された7つの班での話し合いの中から、いいアイデアを思いついた者が現れた。机間巡視していた酒井先生は、それを見つけて、

「このあたりで思いついたことをクラスのみんなに発表したらどうか。」
と話し合いを全体に返した。
「良いことがあります。」
と意気揚々と手を上げたひとつの班から、アイデアが出た。それは、みんな各自150円分のおやつを持ち寄って、大きなビニール風呂敷の上に広げて、みんなが欲しいのを分け合って食べれば、何種類も食べることができる、というものであった。まさにコロンブスの卵であった。子どもたちが思いついたところがすばらしい。

　この方法は他のクラスにも波及した。確かに子どもが話し合いで見つけた方法であるが、酒井先生にはこのアイデアがすでにあったから、子どもたちは、話し合いによってここに至ったとも言える。もし教師にアイデアがなかったならば、子どもたちをそこに導くような状況操作をすることはできないであろう。難しいところである。

7）家庭学習法（今津中学校）
　自主協同学習で行う家庭学習は一般に学校で言われる宿題と自主的な勉強とどう違うか。宿題は授業で教授した内容を定着させるために教師が一斉に出すドリル的な内容が多くなる。これに対して家庭学習は、直接の目的としては学校での自主協同学習を成立させるための必要から行われる準備作業である。一応表面はそうであるが、潜在機能としては個人学習の方法を、それによって身に付けることになる。

　自主協同学習の構造化は理論研究者と実践家との共同で開発される。この家庭学習のごとき部分は、主に実践現場で精緻化されることで、より適切なものへとなっていく。教科の特性や学級や生徒の実態を知ってそれぞれの学級の実情に即したものが創られるためには、研究者はやや距離がある。現にこの細かな家庭学習に関する学習の仕方は地村末相先生を中心とする今津中学校が創り出したものである。

　　ⅰ　次時の学習範囲を確認する。

ii 次時の学習範囲を読む。
iii 次時の学習は、どんな課題（めあて）で学習を進めるか考える。
iv 次時の学習範囲での疑問点、困難点を見つけておく。
v 次時の学習のめあてを解決するために、どんな方法があるか（学習計画）を考える。
vi その日の予習をし、応用する。

どの段階まで各自が進めるかは、個人の努力とその時の条件による。ⅰのみでも仕方がないし、ⅱまで進むならさらによい。自分の進める段階まで進めて授業に臨み全員で努力して、問題を解決し合う。

ノートの工夫（＊）：この家庭学習を学校の授業過程に連動させるもっとも大切なものは、「学習ノート」である。小学校低学年、中学年、高学年、中学生用、教科別などそれぞれの発達段階の特性に応じたノートの工夫が必要である。

ここでは、今津中学校のつくった、学習ノートの構成要素、注意事項について、ごく一般的なものを示す。

i 単元名は、大きくはっきりと書く。
ii この単元で、題材では何を学習するかをはっきりとさせるため、学習目標を書く。
iii 学習計画、学習方法をはっきりさせておく。
iv あとから書き加えられるよう多少の余白をとっておく。
v 自分の考え方がノートを見て発表できるようにしておく。
vi 考えたすじみちを見直すことができるようにする。
vii 要点をおさえてまとめておく。
viii プリント、テスト類はノートにとじ込んでおく。

（詳しくは、拙著『講座自主協同学習』第一巻　明治図書、1981年を参照。）

8）学習集団の評価（髙旗）

評価とは何か。それは目標があってその目標に実践の結果到達できたかど

うかを知るために行われる手続きである。学校教育の場合、評価が行われるのは個人の学力の向上である。教えたことがどこまで理解されているか、どれくらい定着しているかを、できるだけ正確に科学的に測定し一定の基準に照らして目標到達度を見るということになる。それが標準学力テストであり、期末テストであり、中間テストである。道徳性診断テスト、知能テスト、性格診断テスト、など近年テストの範囲は、子どものパーソナリティの全面に広がりつつある。ところが、集団の形成度の測定評価はあまり科学的な尺度で行われていない。私は、「個を生かし集団を育てる学習研究会」の会長を何年か務めた関係で、学習集団の形成ということを、学級づくり授業づくりの重要な教育的側面と捉えている。自主協同学習は、子どもたちの協同性の成長、協同的学習集団の形成なくしては深まらない。個を生かす集団が育っているかどうかは、自主協同学習の要である。そんな時に集団形成度の測定と評価は重要な教育評価として位置づけられねばならない。このような考え方に立って、学習集団形成度評価の考え方と、教育の現場で手軽に使うことができる測定尺度をつくった。質問紙法による尺度の編成には多変量解析の方法、因子分析を使用した。次のような13項目の質問で学級集団の集団形成度を測定できることが因子分析の結果判明した。

A 競争性因子

*・このクラスでは、授業中、勉強のよくできる人だけが活躍していますか。（はい、いいえ）

*・このクラスには、授業中、発言をひとりじめするような人がいますか。（はい、いいえ）

*・このクラスには、まちがったり、失敗すると笑う人がいますか。（はい、いいえ）

B 課題遂行因子

・このクラスの人は、宿題がなくても、予習をよくやってきますか。（はい、いいえ）

・このクラスの人は、授業中、自分の思っていることをどんどん発表しますか。（はい、いいえ）
・このクラスの人は、授業中、他の人の発表をよく聞きますか。（はい、いいえ）
・このクラスの人は、まだ理解できない友だちのために、自分のわかったことをどんどん発表しますか。（はい、いいえ）
・このクラスの人は、なにか、自分の問題を持って授業にのぞんでいますか。（はい、いいえ）
・このクラスでは、授業中、自分の思っていることを気楽に発表できますか。（はい、いいえ）

C 自主協同性因子
・このクラスの人は、授業のベルが鳴ると、直ちに学習に入りますか。（はい、いいえ）
・このクラスでは、発言の機会を、今まであまり発表していない人にゆずるようにしていますか。（はい、いいえ）
・このクラスでは、本を読みまちがえたり、途中でわからなくなったりしたとき、友だちを助けますか。（はい、いいえ）
・このクラスでは、授業を先生にたよらずみんなでやっていますか。（はい、いいえ）

＊印は集計の際にはい＝0点、いいえ＝1点とする。
（髙旗正人編著『教育実践の測定研究：授業づくり・学級づくりの評価』、東洋館出版社、1999年、39頁参照。）

　以上の質問項目によって、子どもたちから見て、自分の学級が自主協同学習のための集団にどの程度到達しているかを簡便に測定できる学級集団の自己診断テストとした。この測定用具は、少しアレンジされて、小学校の授業づくりにも使われた。

4章　授業形態が学習者を社会化する

1　「教科指導」と「生徒指導」

　学力づくりは教科指導で行い、人間づくりは生活（徒）指導（ないしは特別活動）で行うという発想は、教育現場で伝統的に支持されてきた考え方である。いわゆる領域論では、このような説明がなされ、ある意味ではわかりやすい。学校教育の目的を学力づくりと人づくりとに分けて、それぞれに対して学校教育の2つの領域を当てるのであるから、もっともらしい。しかしこれらは教育機能という観点から厳密に見ると2つの領域として割り切ることが難しいことに気づく。

　誤りといえる点は2つある。まず、第1は教科の内容を見れば一目瞭然である。たとえば国語の物語文の内容は、友情であったり豊かな人間性の育成につながるような文脈が少なくない 。その意味で、教科も生活指導、人間の育成そのものであるといえる。同様のことは、社会科や理科の教科でも言えるし、算数、数学も物事を合理的に考え判断するための基礎を養うというような意味では人づくりに大きく貢献しており無関係などとは言えない。さらに音図体のような表現教科においては、人間性の重要な部分を構成する情操の育成を司っており、人づくりそのものであるとも言える。

　第2に、これと反対に、生徒指導を目標に掲げる特別活動においても、たとえば学校行事は各教科の学習の延長線上に位置づけられる。運動会や体育祭は体育の授業の学習の上に成り立つし、文化祭は文化系の教科的知識の延長線上で展開される。そのために特別活動は教科の学習の進化発展であり教科そのものと見ることもできる。たとえそれらが学力づくりではなく、人間関係づくりや集団活動の喜びや満足を直接の目的にしているにしてもである。

　生徒指導は学校教育の全体を通して行われるのであり、いわゆる生徒への

説教を担任が行う伝統的な学級指導は子どもたちの教師や学級に対する信頼や尊敬、愛着があってこそ成功的に行うことができる。以上のように見てくると、学校教育の二領域論の曖昧性が見えてくる。教科指導と生徒指導とは直接的には目的が異なるので、その目的に則した指導方法と指導内容が開発されなければならない。しかし、機能的には両者は同時に教科指導と生徒指導とを行っていることを認識して指導計画が考えられなければならないのである。

「機能的には」とはどういうことであるか。端的に言うと、たとえば国語科の授業を例に取るならば、ある物語文を10時間で指導するという計画を立てたとしよう。その導入部分では新出漢字についての授業が必ず1時間は組まれる。その授業時間の目的は、その教材に現れた新出漢字に慣れる、ないしは漢字を理解し筆順を知る、などということになる。ここで、授業の方法は多様である。教師が筆順を教え、ノートで練習させる。漢字の意味を全員に問う。その漢字を使った単文を作らせる。指名して発表させる。という流れもできるであろうし、子どもたち中心の授業展開も可能である。

家庭学習で調べてきた新出漢字を小グループで出し合い、みんなで検討する。意味、筆順、反対語、などについてグループで出し合い、まとまったところで、各グループの代表が黒板（小黒板の場合もある）に板書して発表準備をする。全部のグループの準備ができたところでクラス全体に発表を行い、質問を受ける。教師もここで加わる。

前者一斉指導と後者協同学習とは教師にとって学習指導内容は同じでも、子どもたちが学ぶことは、異なる部分がある。教師との関係、クラスの仲間との関係の学習には違いが生じる。

一斉教授のコミュニケーションの流れは、「できる人？」「わかる人？」「読める人？」――ハイ・ハイ・ハイ、教師による指名――子どもによる発表、に代表される。この文脈からは、子ども間の個人競争が生まれ、勉強は競争であることを子どもたちは次第に学ぶ。意図しては教えていないけれど授業の過程から競争を正当化し、学習への動機づけとするようになる。

他方、協同学習は子ども同士の協力によって学習が進む。つまり、「できないこと」「わからないこと」「読めないこと」が先に表出され、それに、回答や意見など仲間からの見解や考えが寄せられる。「わからない」は恥ではない。「わからない」が学習や思考を深める。むしろ「わからない」が出なくなることが集団思考を平板化し学習を上滑りさせてしまう。教師の役割は、わかったことを発表させることでよりも、思考を深めるための「わからないこと」を教材の中から見つけ出して子どもたちのものにすることである。そこから思考を紡ぎ出す技術が求められる。

　私は、中国学園在職中に福浜幼小学校の評議員を依頼された。その時代だったと思うが公開研究会が行われ久しぶりに授業を拝見する機会に恵まれた。若い女性の方の授業であった。5年生の道徳だったと思う。教材内の登場人物の間での議論が活発に行われたが結論には至っていない。にもかかわらず、強く反対の立場で意見を述べていた主人公はいとも簡単に大勢に妥協してしまうストーリーであった。授業の方も妥協した主人公に倣って、そうしましょう、ということになった。時間通り終わってめでたしめでたしの授業である。協同学習的問題解決学習が一瞬にして一斉教授に転換したのである。授業後の協議会で私は担任の先生に質問した。主人公は何でこうも簡単に妥協したのでしょうか。先生の見解をお教えいただきたい。それを子どもたちに考えさせないと授業は終わらない、と。担任は、正直にも、自分も教材解釈が不十分で、そこまで考えていなかった、とおっしゃった。あとでこの授業をやり直してくださいとは言わなかったけれども、果たしてやり直されただろうか、と思う。かつてかかわった勝央中学校の先生方は、このような問題提起をされると必ず、授業をやり直して検討されたものである。私のような者の問題提起であってもである。

　問題の解決によって思考を深めようとする協同学習の難しさはこのあたりにある。担任は教材を十分に検討し問題を深める観点を持って授業に臨まなければ、子どもたちによる集団思考は深まらず、おもしろくない授業になってしまう。これが協同学習のマンネリ化や形式化を生む。一斉教授でも、教

材の重要な展開部分が教師によって認識され授業の話し合いに投入されるならば、授業がねらう集団思考は深まる。しかし、その集団思考は全員参加ではないところに問題がある。個人思考・小集団による話し合い・学級全体による集団思考という段階を経ることで全員が学習に参加することが自主協同学習のねらいである。

　教材研究の大切さは授業のすべての形態において求められる。大学の授業においても、学生の方から良い問題提起があるとは限らない。担当者自身が執筆分担した教科書の章であればそれなりに執筆時に教材の解析ができているので、学生とのコミュニケーションの中に、思考を誘発するような視点を提起することは容易にできる。しかし最近の大学の教科書作成は複数の執筆者による分担執筆である。自分の担当以外のところは、教科書ができて授業に使用するようになってはじめて目を通すような場合もある。たとえば、教育社会学を専攻する私が「授業の集団過程」というような章を執筆分担したとしよう。その教科書を使って授業を行うと、エレン・ケイをはじめとする児童中心主義の主張「Alles vom Kinde aus」が出てくる。引き続いて、デューイ（J. Dewey）の「問題解決学」が現れる。それらをテキストに従って一つひとつ、説明して終わるのでは、思考を深めたことにはならない。ここで、たとえば、一つの疑問として「ヨーロッパに生まれた児童中心主義の教育思想がなぜアメリカで花開いたのか？」などの問いが学生の中から生まれなければ、集団思考にはならない。教師がそういう問いを誘発することが求められる。

A		G
授業の方法 （学習形態）	授業の目標 （学習課題）	
学習集団　規範 （学習の約束）	学習活動の組織化	
L		I

図4-1　授業過程の構造要因

> A 授業の方法：一斉教授か自主協同学習か、訓練的学習か課題解決的学習か。
> G 目標（学習課題）：本時の達成目標としての課題・問題・疑問点。
> I 学習活動の組織化：一斉教授形態と自主協同学習形態との授業形態上の違い明白となる要因である。個人・小集団・全体の学習活動
> L 学習集団の規範（学習の約束）：学級集団の文化、授業の文化として学級の成員に共有される授業・学習行動の指針である。

　AGIL各次元はそれぞれ相対的には独立しているが相互にインプット－アウトプットの関係にある。A次元で新たに導入する学習形態が新しい集団規範や学級文化を生み、他方で集団成員の価値志向や態度を形成するというのは、A次元からL次元へのインプットである。各教科の指導の場合には、この機能は授業形態が完成期に入ると潜在化する。

　新しい授業形態の導入期には、L次元の基準による授業コミュニケーションの指導がなされる。

　かつて広島県竹原市の加茂川中学校の授業コミュニケーション分析を行った結果、4月当初はこのL次元の規範をベースにした授業コミュニケーションの指導が多く教師によってなされ、時期を追って、それは次第に減少していった（末吉悌次・信川実共編『自発協同学習』黎明書房、1965年）。4月はじめは、各教科の内容よりも授業の進め方、発言の仕方、他者への質問や応答の仕方、などに関する指導にウエイトがかかっていた。これはまさしく集団活動における集団成員のあり方についての指導であり、生活指導そのものと言える。間違えた者を非難するのでなく、なぜ間違えたか、どう考えればよいかを一人ひとり考えようと、学習態度を形成していくことである。これこそは教科指導における生徒指導である。授業の時間が経過して教師による直接的な授業行動の指導がなくなっていっても、子どもたちの授業行動が学習集団の規範から外れると社会統制の機能が働いて規範に沿わない行動は統制されるであろう。その繰り返しの中で、授業の学級集団活動の善し悪しを学習し、他方で新しい授業形態は形作られていくのである。そこにはまさに学力づくりと集団づくりの統一がある。授業の方法が社会化（socialization）の内容となる、というのはこのことに他ならない。

競争をさせながら、教育内容としては民主主義を教える一斉教授や班競争による授業は、授業の内容と授業過程から無意識に行われる社会化とは真逆になる。この場合G次元とL次元の提供する学習内容は異質になると言えるであろう。それは、世の中、表では協同、助け合い、相互扶助などと言いながら、本音は、競争で勝つことをねらっている、ということを教えようとしているのであろうか。

　江戸時代の商人の養成は丁稚奉公で行われたが、そこで偽金を見分ける方法として、偽物と本物を比較提示して教えるのではなくして、むしろ本物ばかりを扱わせたといわれる。比較させるより本物を体験させる方が一層、鑑識眼を高めることに役立つことを商人たちは経験的に知っていたのである。教育の世界もそうあるべきではないか。

　授業実践の本物と偽物、教育論の本物と偽物、どのようにして見分けるか。教育の現場で授業実践に携わる優れた実践家の先生方は、一目見るだけで、一言聞くだけで、本物と偽物を識別することができるようである。研究者の講演やお話も、実践的裏づけがあるかないか、直ちに識別される。この経験的（体験的）感性が授業を変える新たな実践をクリエイトする。このような感性を体現している実践家は、実践の変革を決断すると授業を変革し実践することができる。授業は手の内に入っており授業の本質を乱すことなく、「教授パラダイム」に代わる「学習パラダイム」へと移行することができる。このような意味で私は新しく授業変革を意図する学校の最初の研究会では、議論の対象とする研究授業は事前に十分打ち合わせた上で、研究主任の先生にお願いすることにした。これはこちらから言いださないと研究授業の担当はあらかじめ学校で決まっている順番の方になってしまう。５月くらいであれば往々にして、新採用か授業に慣れない若い先生になってしまう。それでは授業改革は始まらないのである。「授業がわかっている人でないと授業の変革の試みを実践することは危険である」「授業がわかっている人でないと授業改革はできない」と言いながら一応研究主任に最初のとっかかりの授業をお願いすることにした。その際もちろん私の言う授業（自主協同学習）を試

みる意欲のある人でなければならないが。学校としては自主協同学習を導入しようとしているが、研究主任でありながらそれに反対しているような人の場合は、研究授業にはならないのである。しかしそんな人が研究授業をやることになる場合もある。そのような学校で、授業後研究協議が行われ、私が授業の問題点をあれこれ指摘すると、必ずと言っていいほど、返ってくる反応は、やはり一斉指導の方が良いでしょう、だ。教師集団もまた他の組織と同じように難しい世界である。

このような学校状況の下では、自主協同学習は導入することが難しい。

2　自主協同学習は小集団学習ではない

自主協同学習の話をすると始めから、小集団学習とかグループ学習と捉えられることが少なくない。なるほど、自主協同学習の過程ではグループ活動が多い。それをグループ学習と言わないのはなぜであるか。

結論から言えば、小集団の学習活動を手段として入れるが、自主協同学習の目的は学習者たちの自主的で協力的な相互活動の育成にある。逆に言うと、自主的で協同的な学習が展開できれば45名全体の学級集団で学習活動が進められてよい。また、僻地の少人数学級の場合、さらに小さな小グループになる必要はない。仮に1学年3人の学級であれば、その3人が自主的協同的に学習に取り組めばよい。自主協同学習は形態ではない。授業の理念である。

授業を通じて学習への自発性が養われ、協同して課題の解決に取り組むパーソナリティを育てることをねらったのが自主協同学習である。授業はどのような形態を取るにしても、学習者の自主性や協同性の育成をめざしていると言えるであろう。しかし、教師中心の一斉教授は、自ずと学習者は受け身の立場に置かれ、協同というよりも個人競争の場面に置かれる。学習者は教師の一挙手一投足に合わせることが求められる。静かに聞く、隣と私語しない、などが授業の鉄則となる。そのような体制での授業の過程から育つのは受動性と個人競争志向であろう。この学習への態度形成はいわば授業過程の必然的な社会化として生じる。授業とはそういうものだとされる。指示待

ち人間が授業から育ってしまう。講義をしない私の「教育方法学」の授業を「授業料ボッタクリ授業」と命名した学生がいた。また、優等生が
「先生は教科書を書いているのだから、講義をしてください。」
と講義形式を要望した。小学校から高校まで経験したことがない自主協同学習の授業を喜んだ学生は少ないようであった。
「教育現場では自分で課題を見つけて、自分たちが協力し合ってケースバイケースで解決していかなければ良い教師とは言えないのではないか。課題も解決方法も他者に教えを請い行うことはできない。だから、その練習をこの授業は授業形態で体得してもらっているのだ。」
「教育実習の事前指導だと思ってしっかりやって欲しい。」
と言いながら、私は、学生中心の授業を行った。非常にうまくいった年もあるしうまくいかなかった年もある。

　どういう学生が何人くらいいるとうまくいくか。うまくいかなかった際に教師はどういう手立てを講じればよいか。多くのケースを集めて分析してみる必要がある。小学校から大学まで発達段階に応じての処置方法の分析的検討が行われねばならない。教材、教材提示の方法、ノートの方法、小グループの組織化の問題、グループの授業過程における役割の組織化、など今後の課題である。

5章　実践導入校のリーダーシップ

1　自主協同学習は教師成長の究極の姿なのか。「教師養成」として そこへ教師を導く筋道はあるのか

　私がかかわった優れた自主協同学習の授業者には大きく分けて2つの類型がある。そのほとんどは校内研修という形で、あるいは2～3年後に公開研究会を控えての校内研究のために招聘された授業改善において体験したものである。私がかかわる頻度は多様であった。月1回の割合で訪問した大津中央小学校、年1回やっとのことで訪問できた新潟市内の中学校、十和田市立十和田中学校、高知県高知市立旭小学校、鳥取県東伯郡東伯中学校、年2回程度参加できたのは、滋賀県内の今津中学校や朽木東小学校、甲良東小学校、木之本町の杉野中学校などである。これらの学校では、いずれも、授業が変わった。少なくとも私の思い出の中に、教師も子どもたちも変わったという認識が今も残っている。

　最初に、授業を見て講演をし、講演の中で授業改善のポイントを指摘し、参考文献を紹介し第1回目を終える。次年度のどこかで公開授業を全員にお願いする。百人百様、全く変わっていない授業もあれば、大幅に自主協同学習的になっている授業もある。

　私は研究主任と称されるベテラン教師に最初の研究会の日の授業をお願いし、それをまな板に乗せて校内研修の対象にすることにしている。その効果は2つある。ベテランの教師でなければ私の指摘が今の授業のどこをどう変えるか実践として理解されない。研究主任であればそれはできる。2つ目は、日頃威張っている研究主任があれほどたたかれるのだから若い私たちが多くの指摘を受けるのは当たり前、仕方がないし恥ずかしくもない、ということになり、その後の研究会がスムーズに進む。前者か顕在的効果、後者は潜在的効果である。

第2回目の授業公開は全学級でやってもらい、全部見て全部についてコメントする。1時間のみ公開の場合は、私の一つの授業への滞空時間は約5分である。その中で、もっとも私の理想に近づいている授業を見つける。研究会ではこれを取り上げ、モデルとして参考にしながら、各自の授業を改革するように指示する。参考文献をこの時も再度読むように指示する。
　授業改善がうまく進んでいる人は必ずと言っていいほど紹介した私の本を読んでいる人である。高知市の旭小学校の近森先生に、
「先生はこんな授業をどこで学ばれましたか」
と第2回目の研究会でうかがったところ、
「え、先生の本を見ればできるじゃないですか」
と返されて、しどろもどろに「ああそうですね」と言ったことがある。本を読んで実践に正確に結び付けることができる人がいることを確信させられた。それ以来、強く本を読むことをお願いしてきた。ただし自分の書いた本を読めというのはなにかおこがましいというか印税稼ぎをやっていると思われはしないかとか複雑なものがある。校長が率先して指示されると、ことはやりやすいのだが。授業改善研究のリーダーシップもまた校長が取らねばならないのである。
　あまり広くは語られていないけれど、「印刷物と実践」との関係は新しい授業づくりに考慮されなければならない重要な問題を含んでいることを、私は、現場にかかわって痛感した。結論から言えば、「本を読んで解った授業形態」が一教科の授業として具体化できる教師がいる一方で「本を読んで解っても」授業形態として実現できない人もいる、ということである。印刷物には理路整然と自主協同学習の考え方とか理念とかが書かれ、さらに、授業としてどこをどのように変えるか理想の形態はどのようなものであるか、が説明されている。それを読んで、一応、頭の中で理解することができても、そこから授業改善までには距離がある。論理がわかるということと授業を作るということとは非連続であると思う。仮に、本を書いた私は中学校のあるクラスを与えられた際に自主協同学習ができるかというと、理屈は解っている

が、まず授業を実践することは難しい。教材にどこまで精通しているかという問題、もっとも大きいのはクラスの生徒たちをどこまで知っており、生徒の方が私をどのように見ているかが授業づくりの大きな要素となる。教材の方は勉強すればよいが、生徒との人間関係は一朝一夕にはいかないかも知れない。授業担当者がクラスの生徒たちの一人ひとりを知らないで自主協同学習は成り立たない。小集団のグルーピングもできない。問題提示や教材の解釈さえ生徒一人ひとりの特性を知ってはじめて可能になる。私に自主協同ができるとすれば大学の自分のクラスの授業である。

　私の大学の授業以外の学校でモデル授業などできない。私にできることは、自主協同学習の理論と方法を一般論として話すこと、行われた授業の正しいところ間違っているところの指摘をすること、次にどこをどう直せば理念が授業として反映されるか、を指摘することである。あとは、授業担当者が自分の授業として独自の教室空間で独自の授業を作り上げることである。このように考えてくると、私などいなくても自主協同学習はできるのである。自主協同学習論を書物で理解すれば、十分できる。ただこの授業でよいのかどうかを第三者から評価してもらうことが必要であるかも知れない。一見、子どもたちで進める自習のような授業で学校教育と言えるかどうか、教師は心配である。でき上がった授業の正当性の支持をもらいたい。これが、授業改造後の私の出番となる。ある授業担当者の授業づくりとは、私は何の連続性もない。「自主協同学習の指導（私）：学習・実践（実践家）」ということになる。したがって、私がかかわらなくとも、自主協同学習が行われているところがある。

　その典型例は佐川愛子氏である。滋賀県内の岩根小学校や甲賀小学校で拝見した佐川愛子氏の授業は高度な自主協同学習であったが、佐川氏独自の工夫発明品である。
「これは、私が考えてきた自主協同学習という授業形態です。」
「どうしてこのような授業をやっておられるのか。」
お尋ねしたが、水野校長先生のご指導で次第にこうなったというような話で

一向に要領を得ない。私との関係は直接にはその時点から始まったのでそれ以前の授業づくりの段階では全くかかわりはない。ただ水野先生は滋賀大学附属中学校におられて、私の話はよく聞いておられる。賛同もしていただいているようであった。しかし自分で佐川さんを指導して自主協同学習が完成の域にあるというようなことはいわれたことがなかった。

　当時、CAIとかMAIとか教育工学という手法が教育現場に導入されものすごい勢いで現場の授業を個別化しようとしていたとき、私は、自主協同学習論の危機を感じていた。水野清先生にそっとその胸の内を相談し、現場では学習の個別化ないしは今言われている教育工学をどう受け止めているか尋ねたことがある。そこで紹介されたのが佐川さんであった。自分の学校に在職している音楽の専門の先生だが、算数などの教科の自主協同学習で成果を上げられている。とのこと。直ちに岩根小学校を訪問し佐川さんの授業を見て、個別化でなくてもよい。集団化を進めている私の考えで十分授業実践は充実するのだ。そう確信できた。附属中学校の副校長水野清先生との親しい関係が佐川さんとの出会いを生み教育工学爛漫時に自主協同学習論を引っ込めることなく続けさせていただいた。人とのつながりは大切である。

　私が最初から関与しないで自主協同学習が生まれた実践の今ひとつは、元岡山大学教育学部附属小学校副校長　笠原始先生が校長の岡山市内の小学校であった。滋賀大学から転勤して間もない頃であった。私はここでは、統計的検定を依頼された。ただそれだけの側面的部分的研究会参加であった。授業改善はお手のものであった笠原校長はそちらの方は自分がやられた。私の役割は、その成果をデータとして明らかにすることであった。それだけなら質問紙と学力テストさえあればできるが、授業の状況を一度見ておきたかった。笠原先生にお願いしてプレ公開授業に参加させていただいた。私は覗いたクラスの授業が教師のリーダーシップを後退させた子ども中心の展開になっているのに驚いた。それも一クラスだけではなく、何クラスかというより、ほとんどがそんな感じの授業をしていた。いずれもすばらしい授業であった。笠原校長に自主協同学習を導入されたのですかと質問した。笠原校長は

「任せていたらこういう授業になっていったのです。」
とただそれだけ言われた。もっとお話を聞かせていただきたかったが、先生のご退職の年でもあり、その後のコンタクトも失われて十分なフォローができていない。

　笠原先生の授業改善はおそらく授業を公開して全校で批評し合いながら進める手法であったにちがいない。いわゆる印象批評に基づく実践現場での授業改善である。自発協同学習の最初の取り組みと思われる広島県竹原市の加茂川中学校の場合もそうであったと思われる。では自主協同学習は教室授業における授業改善の究極の姿、理想としての実践展開であると言えるであろうか。必ずしもそうとは言えないであろう。斉藤喜博の島小の授業は教師の教材解釈を中心に展開された授業改善の一つの成果であると言えようが、自主協同学習にはなっているようには思われない。教授学的であり、学習者主体の自主協同学習がおいた視点、授業の集団過程の観点からすると別の授業である。このことからして、やはり授業改善の実践研究がどの部分に変革の視点を置くかによってでき上がる授業形態は異なってくる。したがって自主協同学習は、一つの理想型であるといえるであろう。要するに、笠原校長の場合も佐川愛子氏の場合もモデルのようなもの、自主協同学習に導く理論体系がアプリオリーに与えられていなくとも、授業上の課題を一つひとつ解決していく実践を通して自主協同学習は生まれるということである。しかしこれは希有なことではある。

2　自主協同学習の教師は授業に参加できていない子どもの立場から授業を創る

教材

　子どもたちに主体的に学ぶ意欲を育てるには、まず教材の分析を深め、子どもたちの教材への接近をどのように操作するかが重要である。教材研究は、どのような形態の授業であっても、もともと子どもの教材に対して持つであろう見方や考え方を解明することであった。たぶん子どもは5年生であれば

このようにも考えるだろう。このような別の解き方もするであろうといった子どもの側からの研究がいかなる授業に際しても大切であることは言うまでもない。その教材研究にもっとも適した場は、多様な人材が参加する校内の授業研究である。大学での教職科目「各科教材研究」の講義では学級場面の多様な子どもたちの思考過程を見て教材のあり方を検討できないという点で十分ではない。

問題解決型の自主協同学習では、ともすると大人が考え付かないような多様な子どもたちからの意見や問題が提起される。それらを捉えて授業としての筋道を創っていかねば集団思考を深めるよい授業にはならない。自主協同学習の教材研究の焦点は子どもたちから出ることが予想される諸問題への対処戦略である。

ここで言う教材とは、「すべてを子どもから（Alles von Kinde aus）」という主張から準備される児童中心主義的ないしは問題解決学習論の教材を意味しない。現代の社会で有用と考えられる基礎的知識・技能・観念をもとに発達段階に応じて編制された教材である。その教材を「すべて子ども化する」ことで、子どもたちの学ぶ意欲を創ろうとしている。「すべてを子どもたちへ（Alles zum Kinde hin）」ではある。

人間関係

説話と問答による教師主導の授業を教師と子どもとの関係という視点から見ると専制的リーダー・フォロアーの関係である。また「できる人・読める人・わかる人」という教師の問いかけに挙手して発言発表をわれがちに求める子ども集団の人間関係は競争的関係である。授業は「できない人・わからない人・読めない人」のために行われるはずであるが、これでは、できないものは授業にかかわることはできない。授業は、むしろできないものがそれを訴え理解を援助される過程でなければならない。読めないものが読ましてもらい読めるようになる授業であって欲しい。わからないものがわからないと言って、わかるようになる授業でなければならない。そのためには授業の人間関係は、

競争よりも協同的関係が望ましい。その際、誰と誰とをペアにするか、グループに組むか、授業に参加できていない子どもの気持ちを理解しながら協同学習の行える関係を育てることである。

　C. A. ギッブのリーダーシップ概念「ヘッド」と「リーダー」によると教師のリーダーシップは「リーダー」ではなくして「ヘッド」である。学級でリーダーシップを取る教師は、学級の子どもたちにとっては自分たちで選んだ「リーダー」ではなく、あてがいぶちの「ヘッド」である。「ヘッド」でありながらも教師は「リーダー」に限りなく近づき、リーダー的ヘッドに自己形成しなければ、学級の子どもたちから愛着と信頼と尊敬を得ることは難しい。自主協同学習が求める教師像は「リーダー的ヘッド」である。

組織化：集団規範の変革と制度化

　そして、協同学習のためには授業中、協同的な相互学習ができる場面が必要になる。小集団の話し合いを何度か一時間の内に入れることでそれは可能である。子どもたちに、小集団であろうとペアであろうと教室全体であろうと協同して全員が授業に参加できる環境をつくることを心がけるよう競争集団からの価値観の転換を図る必要がある。

　佐川愛子先生が自主協同学習の導入は「徹底した学級経営です」と言われたことを思い出す。「徹底した学級経営」は学習集団の集団規範の制度化と深くかかわる。学習集団の授業過程で教師はどのような行動規範を持って子どもたちに立ち向かうか、また、子どもたちは相互にどのような規範を遵守しながら相互コミュニケーションを展開するか、相互の学習意欲を促進する場合もあるし、疎外する場合もある。集団規範の潜在的な機能を十分に考慮して学習集団づくり、学級づくりを行う必要がある。

　松本ルリ子先生は、実践記録『変わって行く子どもたち』の中で、「それって差別じゃない」と子どもたちが相互に注意し始め、学級から差別的な言動が消えていく様子を書いておられる。（松本ルリ子『変っていく子ども達－学級通信にみる－Ｃの記録－』1996年を参照。）この集団規範の制度化は現

場では一部抵抗があった。価値観の押し付け、戦後教育界が重要視してきた民主主義や自由主義の理念と異なり子どもたちを一つの規範で統一しようとするものである、と見なされた。大変難しい問題ではあるが、社会集団は何らかの基準で統一されることなしには成り立たない。とりわけ子どもたちの学級集団は全員が授業に参加する権利がある。それを妨害するような行動は許されてよいはずはない。「弱い者いじめ」という言葉で、子ども集団の中で多くのいじめや暴力が抑制されてきたように、授業への参加を妨害することになる行為や言動は集団メンバーの一人ひとりの意思で消去されねばならない。自由な発言競争は、全員参加の機会を形式的には疎外していないように見られるけれども、子どもたちの中には参加しづらい者もいる。そんな者にも参加ができる状況を授業は用意する必要がある。野放しで自由競争をさせるのは、一人ひとり同一条件ではない子どもたちの集団において平等でもないし本来の意味での民主主義でもない。それは、弱肉強食の集団である。

　特定の集団基準を授業の約束としてア・プリオリィに強制する場合もあるし、子どもたちに十分考えさせながら全員が納得する形で定着させる方法もある。時と場合によってどちらもあり得る。いろいろな場面を捉えて、平等・自由・民主主義が守られる学習集団になるよう学級経営を継続する必要がある。「学級経営は教科外で」ではなく、「教科指導も教科外も」である。

3　学習意欲を高める手立て
課題を持って授業に臨む

　知りたいという意欲、教材への関心、興味があってはじめて授業に向かう学習活動は生じる。学校教育はしかし、子どもたちの自然発生的な興味・関心・意欲から出発するのではない。学習指導要領がありそれに基づいてつくられた教科書があって、お仕着せでそれを学ぶのである。国語から体育まですべてがいわばあてがいぶちの学習を強いられる。そこで、担当教師は授業への関心・興味・意欲を持たせなければならない。教科書もできる限り子どもたちの発達段階や現状の興味を見据えて作りはするが、田舎の子どもと街の子ど

も、発育の早い子どもとゆっくりな子どもとでは興味も関心も異なる。それを調整してみんなが興味を持つように仕向けるのが教師に与えられた使命である。

　与えた教科書に興味を持って学習しようとする子どもなど皆無ではないが少数であろう。教師はその現状の中で子どもたちに学ぶ意欲を培っていかねばならない。五段階教授法も教材解釈も教材の構造化も個別化も集団化もすべてこのための工夫に他ならない。自主協同学習論では、私は少し視点を変えて、ノートの取り方からこのような教科学習への自分の学習課題を持つような工夫をした。

学習ノート
　授業に課題を持って臨むことは、学習を主体化する第一歩になる。子どもたちは意欲・関心から学習に向かう。国語の教科で物語文、小学校４年生を仮定してみる。「ごんぎつね」という教材を一単元10時間程度で計画する。最初の１時間目は学習の課題を10時間分つくる。長い文章だが通読して、知りたいこと、わからないこと、漢字や言葉の意味まで含めて発表させる。教師も重要だと思う課題を付け加える。その１時間目に入る前段階で、通読して自分の考えた学習課題を用意する。その際にノートに書く。読めない漢字、わからない言葉、気のついた学習したいこと、など「これから学びたいこと」というノートの欄を作って、自分の学習したいことをメモ書きしてくる。それをグループで出し合って小グループの発表準備をし、さらに全体で発表し出そろったところで10個にまとめていく。そのまとまった10個の課題を学習課題としてノートに整理する。毎時間一つずつ解決していく。ノートは「一人で考えたこと」－「グループで考えたこと」－「学級全体で考えたこと」という３つのカテゴリーで記入する。10個揃った課題については毎時間一つずつ授業過程で検討され解決される。課題の作り方などは教科によって異なるけれども授業過程は大体同様であり、子どもたちは慣れてノートも整理できるようになる。「授業の仕方（学習の仕方）」を身に付ける結果になる。

社会的促進（social facilitation）

　学習への動機づけについて J. S. ブルーナーは『内発的動機づけ』と『外的動機づけ』を分けた。前者は教材内容による動機づけ、後者は学習と直接関係のないたとえば競争とか賞の約束とかをさす。

　自主協同学習の場合は「社会的促進」という外的動機づけを子どもたちの学習への着手を促す動機づけとして考える。失敗しても笑われない学級、「読めない・わからない・できない」ことを恥ずかしがる必要のない学習過程、できるようになるとみんなが賞賛してくれる学級、「わからない」を堂々と質問できる学級をつくることで、授業の本質を追究する。失敗しても馬鹿にされたりしない、成功すると称揚されるような学級集団が子どもの学習への取り組みを積極化する。学習する内容そのものではなく学習者を取り巻く集団の雰囲気という外的状況が学習者を動機づけるいわば外的動機づけを自主協同学習の教師は重視し開発工夫するのである。

4　授業改革を促進する状況：校長のリーダーシップ

　私の出会った校長先生：自主協同学習を成功させた学校の校長先生たちは皆さん立派なリーダーシップを発揮する人たちであった。授業改革の進行にもっとも影響を与えるのが、校長のリーダーシップであった。

岡山県勝央中学校

　もっとも自主協同学習が盛り上がりを見せたのは、井戸元雄校長の時代であった。私は滋賀大学教育学部で専攻科の授業を担当していた。現職の教頭直前の方々が2年間県の派遣で教育学部に研修にやって来る。10名定員であった。その人たちを伴って毎年勝央中学校を訪問したが、1971年6月であったと思う。例年のごとく訪問して校長室にご挨拶かたがた覗いたところ、高山校長から若い井戸元雄校長に代わっていた。

　こちらの挨拶も中途で、
「先生の指導で、この中学校がやっている自主協同学習に私は反対です。も

し生徒の成績が今よりも落ちるようであれば、すぐ直ちにこの授業形態を止めさせます。大体、教師が授業をしないで子どもたちにやらせて見ているということはない。しかし、なぜか模擬テストの成績を見ると、近辺の中学校と比べて決して悪くない。上位30番までに、勝央中学校の生徒が15人入っている。これでも悪くなるようであれば直ちに止めさせます。」
私は、校長先生の気迫に押されて、私としたことがしどろもどろに、
「子どもたちがこれだけ意欲的に授業に取り組んでいるのですから成績が落ちることは考えられませんわね。」
などと言ったと思う。中学校教師のごくごく普通の常識である成績が上がるということのみで自主協同学習は我慢していただいていたのかと参ってしまった。

　翌年もまた新しい専攻科の学生が入ってきて、私の講義の内容説明を補足する授業実践の見学が必要になった。勝央中学校に電話してみると研究主任の高橋典男君がでる。昨年のことがあるので参観できないかと思いつつ電話で、校長先生は大丈夫か、まだ自主協同学習をやっているかと尋ねた。校長はかわった、大丈夫、自主協同学習は継続中。来てよい。ということで早速旅行の準備をして出かけた。「かわった」はずの校長がいた。別の校長に「代わった」のではなくして校長の考え方が「変わった」のだ。私の書いたいくつかの論文のコピーが校長室の棚に置いてあった。１年経って、校長は中学校の授業は自主協同学習でなければならないといって近隣の中学校を吹聴して回っている、と研究主任から聞いたとき、ホッとしたと同時に、この井戸校長の柔軟性に感動した。よくも自主協同学習論など授業論として校長の立場で認めることができたものだ、と。

　教師集団のほとんどが議論の末、実現しようとしている子ども中心の学習指導像を校長が支援することで教師集団は一丸となって校内研究の成果に挑戦できる。当時盛んであった反体制運動もこの学校は自主協同学習を支持することで緩和された。そして本来あるべき生徒の授業改善研究という取り組みが校内研究運動の中心になった。井戸先生のリーダーシップは水際だった

ものであった。

滋賀県高島郡（当時）今津中学校

　今津中学校では滋賀県の研究指定校を受けていた。しかし、その中心となる研究主任は、次の年度から勤務先を変わることになり、別の研究主任が変わって研究指定校としての実践研究を任されるという事態になったらしい。私は、西日の当たる小さな滋賀大学教育学部の研究室で校長と新研究主任と出会った。研究指定について概要を説明されたが全く頭に入らなかった。印象に残っているのは、次期研究主任に決まった地村末相先生の恨み節である。出ていく者が責任を取れず、次期研究主任がそれをやらねばならない。職員会議で研究指定校を受けることに反対したのに、取ってきた本人が責任を取らず、反対した自分がやらねばならない。どうしてくれるのか。という話ばかりが、印象に残るご依頼の場となった。

　地村末相先生は４月再度やってこられて、まだ恨み節を吟じていた。私は「今更どうしようもないじゃないですか。協力しますからやりましょう。」と宥めるしかなかった。それから約３年間を掛けて、授業改善研究が始まった。そこでわかったことは、研究主任の地村末相先生は、消極的な人ではなくして、責任感の大変強い方であるということだった。自分のわからないことは言わない、やろうとしない。しかし納得できたら、いかなる厳しさにも耐えて自己犠牲を惜しまない。この地村先生の人格を校長の力石先生は見通しておられた。私が校内研修に参加することでよけいに複雑になるであろう教職員の研究への意識を統合して一つの目的に向かえるよう、研究主任が働きやすいようなシチュエーションをつくられた。

　私は授業改善研究に取り組む学校に必ずまずはじめにお願いしたのは、第１回目の校内研究会の公開研究授業は研究主任さんがやってくださいということだった。ともすると第１回は６月頃になる。新任の先生に順番が決まっているので、それで行くということになりかねない。新任教員では学級の生徒たちも、教材も自分のものとして消化されていないから、研究上のコメン

トは正当には受け止められにくい。自主協同学習は、教育実習で体験していない、やった経験のない子どもたちが中心となって動く学習形態の、教師にとっては難しい授業である。そのための授業改善へのコメントを正当に受け止めてもらえなければ、研究会は空回りしてしまう。
「やむを得ません。私がまな板に乗りましょう。」
あれほど恨み節を吟じた地村先生が引き受けてくださった。この時点で、私は、この学校の授業の変革は成功すると確信した。案の定研究主任の最初の研究授業は改善の余地のたくさん見られる授業であった。私は徹底的に歯に衣着せずに、コメントした。ベテラン中のベテラン研究主任があれだけ指摘を受けるのだから、初任者などは批判を受けても仕方がない。と皆さんは思ったであろう。そして、誰もが研究授業を公開することを躊躇しなくなった。もしここで、校長が研究主任をかばって、
「やはり順番が決まっているので、初任者のA先生に、6月はお願いしましょう。」
などと発言するようであれば、授業改善研究はストップする。力石校長は何も言われず、私の指示通りにしてくださった。

　3年後、公開研究会は大成功であった。参加者も多く、生徒の保護者まで自主的に参加された。公開研究会の私のいた分科会で保護者の方からの挙手があり発言があった。2年生の女子生徒の母親であった。
「娘は、日頃だらだらしていて勉強しなさいというと反抗するし困っておりました。ところが最近は私が言わなくても自室にこもって勉強するようになりました。何かが変わったのだろうと喜んでいました。なにか、娘が、今日は自分が授業しなければならない、という訳のわからないことを言うので、生徒が授業をするというのはどういうことなんだろう。と思い公開研究会というから、参観に来てみました。生徒たちが発表したり質問したり、司会をしたり、本当に生徒たちが自主的に授業をしている姿を見てうれしくなりました。こんな授業だから自分でしなければならない。と言ったんだとやっとわかりました。普通参観日に授業を見ていると、できる子とできない子とは

一目瞭然ですが、この授業では誰もができる子で区別が付きません。これからもこんな授業を続けて欲しいと思います。」
という趣旨の発言であった。

　分科会終了後力石校長にそのことを担当の教諭が報告すると、校長先生は
「サクラを入れてたんじゃないだろうナー」
みんな大笑いしたことが最近のことのように思い出される。今津中学校の学力が上がっていることは、私が勝央中学校の井戸元雄校長の話として紹介したあと、力石校長によって、うちの場合も同様の傾向が出てきていますと公表された。力石校長の潜在的リーダーシップを強く感じた。

　今津中学校の授業改革は郡内の他の中学校へのみならず、生徒たちが進学する高等学校へ生徒たちによって伝達され、高等学校と中学校との当時としては異例の共同研究へと発展した。

　今津中学校で研究主任であった地村末相先生はやがて校長になり同じ高島郡の朽木東小学校長として赴任された。朽木東小学校は僻地指定1級の小学校であった。僻地校としては大きい方であったが、少人数の小学校であることには変わりなかった。見知らぬ私たちに出会うと子どもたちは赤い顔をして下を向いた。当時1970年代にしても僻地の田舎純朴さを感じさせられた。そこで地村末相校長は、早速、自主協同学習を導入することを試みた。子どもたちを見て、積極性と自発性を高め、コミュニケーション力を高めることはこの朽木の子どもたちにとって必須と考えてのことであった。子どもたちは自主協同学習の導入で早期に変わっていった。授業中の自発発言が増え、子ども同士のコミュニケーションが盛んになった。朽木の子は変わった。

　地村先生は、最初お会いしたとき、今津中学校の研究主任と私を訪ねられた。自分は公開研究会を受けることに反対したのにもかかわらず、賛成した方はご栄転、残されて私はその研究指定の責任者として研究主任を引き受けざるを得なくなった。どうしてくれるのか。私の前で何度も愚痴をこぼす。

　地村末相先生という方は、大変責任感の強い方で、研究主任の重責に自信がなかったために拒否されたのであった。一旦引き受けられると、その緻密

な研究開発への取り組みと実行力は目を見張るものがあった。これで、今津中学校の実践は成功したのである。中学校で自信を得た地村末相先生は朽木東小学校においても、その必要性を感じたと同時に実践の導入を開始し成功に導いた。私が見るところでは、校長であると同時に研究主任としてのリーダーシップも発揮された。

草津市立老上小学校

　滋賀大学に転勤して、最初に電話が研究室にかかってきたのは、昭和44年の6月であったと思う。私は助手の時代から明治図書出版の雑誌『授業研究』へ定期的に原稿依頼を受けて書いていた。どうもそれをずっと読んでくださっていた先生が滋賀県草津市の老上小学校におられたのである。それが酒井淳二先生であった。先生は直接電話をしてくださって、所属が広島大学から滋賀大学に変わっていたので電話してみたとのことであった。以来老上小学校の校内研究会に参加するようになった。滋賀大学にやって来て最初に現場に出たのが老上小学校であった。小学校は小さな少人数の古い老朽化した校舎であった（もっとも16年経って私が岡山大学に転勤する頃には、老上小学校区は人口流入が著しく、草津一の大規模校になっていたのであるが）。

　老上小学校の校長は吉田吉国先生といって、恰幅のよい大物校長という風貌の方であった。研究主任は先の酒井淳二先生である。校長先生は酒井先生に全幅の信頼を寄せておられた。酒井先生の思い通りの授業改善を受け入れられた。酒井先生の授業論は私の授業論に非常に近かった。私が先か酒井先生が先かわからないほど相前後して同じようなことを考えついた。もし酒井先生と出会えなかったら私の授業論も大変貧弱なものになっていたに相違ない。たとえばこんな実践がある。新学期2カ月目くらいでクラスの係をつくる。今までの生活を振り返って、この学級にどんな係を置いたらもっと学級生活がよくなるだろう。ということで子どもたちの意見を聞く。

　ある4年生の学級で、「傘係」が必要だという意見がでた。4年生のクラスは2階にあった。廊下の窓のサイドにトタンを敷いた傘置き場があって、

雨の日にはその受け皿状のトタンの上に傘を持ってきておくことになっていた。傘係を提案したＡ君の意見だとこれから梅雨に入って雨が多くなるとみんなずぶ濡れの傘を持ってきて次々と置くから傘が倒れたり重なって、出すときに取りにくくなったりする。傘係は気を付けて傘を立てておくようにするのだ。と言うのである。びちゃびちゃに濡れた傘が何本も重なって倒れたような状態にならないように気を付ける。そして、そのような状態にならないように整理整頓するのだ。酒井先生は、その意見に賛成で自分もやりたいという人を募集する。係の人数などは考えない。多ければ２つの班に分ければよい。傘係はどうなったか。賛同者が一人もいなかった。Ａ君どうしようと相談すると、Ａ君はひとりでやるという。賛同者が一人もいなかったので取りやめになるかと思ったがＡ君は偉かった。

　７月終業式の日、学級会で係活動のみんなによる評価が行われた。Ａ君の傘係は、Ａ君はよくやった。おかげで、傘が倒れて取りにくくなったり廊下に水が流れ出したりしなかった。廊下が歩きやすかった。Ａ君は、みんなから褒められた。

遠足のお菓子
　酒井淳二先生のクラスで春の遠足の話し合いがされていた。全校の児童会で遠足のお菓子などおやつは150円以下と決まった。子どもたちは不満であった。クラスでの話し合いはついに、児童会に変更を申し入れようというところまで来た。酒井先生は学級会の話し合いに一言発言された。今から児童会へ申し入れしても遠足までに間に合わないかも知れないし、一度決めたことを変更することはされないだろう。それよりも、150円という決まりの中で何か工夫できないだろうか。
　グループでの話し合いの中からよいアイデアが出た。みんな自分が一番欲しいと思うおやつを150円以下で用意する。それを遠足に行ったら、袋から出して、グループのみんなのを混ぜて、欲しいものを食べれば、何種類かのおやつに150円でもあたるじゃないか。150円では一袋しか買えない。みんな

一袋ずつ買ってばらして各グループで混ぜて食べれば何種類かのおやつがみんな食べられるから、150円でもよいのではないか。という意見である。このクラスではこのようにして問題を解決した。

酒井先生のクラスは、問題はすべて全員が助け合い解決策を探した。酒井淳二先生は不幸にして側索硬化症という難病にかかって早く他界された。しかし担任したクラスの子どもたちは、卒業してもずっと長い間、大人になっても、酒井先生の命日には集まって、ご供養を続けている。

老上小学校の吉田吉国校長先生は、ずっとかかわらせていただいていた校内研修の際に、どのような文脈であったか定かではないが、『古いことをやっていますのに…』と、にこやかなお顔で控えめに言われたことを思い出す。公開研究会の日には、PTAの保護者の方々を陣頭指揮して、来賓やすべての人たちの昼食をつくられた。先生は、料理が趣味であった。ステーキをいただいたことがあるが、そのソースはご自宅の柿をベースにして作られた自家製とのことであった。吉田校長先生は、教職員の研究や実践を見守り常に温かく包み込んでおられた。老上小学校に当時在籍された先生方は自由に自分のアイデアを学級づくりや授業改善に発揮できた。

高知市　明坂守隆校長先生

高知市立旭小学校：明坂守隆校長先生とは現在もコンタクトがある。
「私の教員人生は高旗先生の自主協同学習があって充実できた」
ということを電話させていただくといつも言われる。言葉通り受け入れて私は、感謝する。高知市の旭小学校からのお付き合いのあれこれを思い出す。最初、旭小学校の全国大会（片岡徳雄会長　「全国個を生かし集団を育てる学習研究協議会」）を3年後に控えた研究会の準備に参加した際には明坂先生は研究主任であったと思う。理科の実験の授業では子どものグループに混じって、ニコニコされながら、一緒に実験を楽しまれている様子を今も思い出すことができる。その後何校かの校長をされたが、いつも校内研究会にはお声をかけていただいた。研究授業は講師の私に対しても厳しいものであっ

た。各学年3学級ずつとして、18クラスの授業を45分間で全部回ってコメントせよとのこと。このコメントが講師によって大きく異なる。各クラスの授業それぞれについてコメントするタイプと全学級の授業のオーバービューを話す講師とがいる。私は前者のタイプである。
「1時間で全部のクラスを回ったので、授業の最初の方だけとか終わりの方だけとかを見てコメントする場合があります。間違っていたらお詫びします。」
と断って話す。B6判のカードの表裏に各1クラスの覚え書きをつくる。授業への子どもたちの集中度、モラール、ノートの様子、教師のチェックの有無、など。クラス名と学年とをメモしておく。それをみながら、講演に入る前に全クラスの印象批評を行う。オーバービュータイプの講師が、
「どのクラスも子どもたちが楽しげでよい授業でした。」とか、
「きめ細かい配慮がなされていた。黒板や後ろの掲示物がすばらしかった。」
などコメントするのに対して、私のは、各クラスの動いていた子ども、集中できていなかった子どもの席の位置まで指摘した。自主協同の学習という観点から授業の中で子どもたちがどう動いていったかを具体的に指摘してコメントした。明坂先生はこの点を評価してくださったのではないか。先生は、今も小学校の研究の指導に参加を求められることがあるが、その時には必ず、私の書いた本を紹介して読むように伝えると話される。

1981年、明治図書出版から『講座自主協同学習』を全3巻で出版した。明坂先生はその本をしっかり職員とともに読んでくださった。そして、授業実践の改造に取り組まれた。「本を読んで実践を変えるタイプ」の先生であった。だから、近森先生のような実践家が生まれた。
「どこで見られてこの授業を導入されましたか」
という私の質問に近森先生は、
「先生の本を読めばできるじゃないですか」
と反論された。旭小学校の第2回目の校内研究会の際であったと思う。近森先生もまた本から新しい授業形態の導入が可能な実践家であった。「本から

タイプ」は現場にはそう多くはない。私の40年にわたる授業研究会経験の中で印象に残っている先生は数名である。そしてこの方たちは、間違いなく自主協同学習にアイデンティティを確立された。

新潟市立宮浦中学校　斎藤博校長

　宮浦中学校は新潟駅近くの大規模中学校であった。昭和50年代の終わり頃からご多分に漏れず荒れだした。先生方は一丸となって、生徒に立ち向かわれた。われわれの思いつくあらゆることを試みた。できることは全部やった。それでも治まらなかった。喫煙、シンナー、校則違反の制服改造、全部が校内で起こった。県の生徒指導の研究指定を受けて学校を変えようということになった。人事が刷新され新潟きっての自主協同学習の実践家大竹敏夫氏（後の宮浦中学校長）が研究主任として赴任した。後に今ひとり、優れた実践家関根廣志氏が赴任した。校長は教職員がみんな尊敬する斎藤博先生だった。一人ひとりを生かす授業づくりを生徒指導の方法として導入した。一般には、授業を変えるのは学習方法の改善であり生徒指導の改善ではない。私の考えは少しこの一般的な考え方とは異なる。授業や部活、特別活動場面で一人ひとりが生かされることが、生徒指導の重要な基礎である。学校生活の大半を過ごす学習指導場面で、不適応を起こしている生徒が放置されたままでは生徒指導はできない。授業への意欲が高いためには、受験のための手段としての重要性を感じているか、友達と一緒に学ぶことが楽しいか、学習内容に興味関心があるか、わかっていくことが楽しいか、他者からの賞賛が喜びとなっているか、他者からの感謝が動機づけになっているか、等々原因はいくつもあろうが、日々の授業に充実感があり満足が得られるようであれば、いわゆる生徒指導上の問題は半減する。そのような条件の下で、積極的な生徒指導は成果を上げることができる。そのためには、授業の改善から入った方がよい。というよりその必要があるのだ。授業改善から入るということは、決して回り道ではないのだ。斎藤博校長先生はこのような私の話をすんなり受け入れてくださった。もっともその前提には、大竹関根両先生の事前のレ

クチャーがあってのことであることは想像に難くない。

　授業も特別活動も部活動まで自主協同の理念で展開することが行われた。その根本的な方向づけは生徒会長の立候補演説であった。「校内問題行動で荒れ果てた宮浦中学校の黄金時代をつくろう」と言って生徒会長に当選した生徒の言葉が学校改革の合い言葉になった。「黄金時代をつくろう」「自主協同」「支持的風土」が３本の柱となった学校改革である。

　対外試合に臨む部活動の選手たちを前に、斎藤校長は、
「校長先生に土産を持って帰ってくれ。それは、優勝旗や、土地の特産のお菓子でなくてもよい。試合の会場で自分たちの出したゴミをきれいにしてきたとか、帰りのバスの中でお年寄りに席を譲ったなど、でもよい。対外試合に出かけた限りは何でもよいから土産が欲しい。」
とねだる。試合に強くなくてもできそうなことである。生徒たちは、それなら自分にも校長先生への土産が用意できるぞと思う。

　３年後の宮浦中学校の公開研究会はすばらしいものであった。生徒が完全に変わっていた。その後宮浦中学校は新潟市内の中学校のモデルのような存在となって、市の教育委員会から不登校傾向など生徒指導上の問題を持つ生徒の転校先として紹介されるまでになった。教師と生徒を信頼して自主的な学習、自主的な学校改革を見守った斎藤校長のリーダーシップが光った。

杉野中学校

　滋賀県木之本町立杉野中学校は滋賀県一の僻地校であった。私がかかわった年の１年生は21名、みんなおとなしいはにかみ屋の僻地校の生徒であった。この生徒たちを意欲的な主体的な学習者に育てたいということから、自主協同学習を導入するということが言われたようである。２年後の公開研究会には近隣の小中学校の先生方が集まった。僻地教育の研究会ということでもあったのでその中には県下の僻地校の校長先生や研究主任も加わっていた。すぐ近くの木之本小学校長も来られており、木之本小学校の授業改善にも参加することになったのであるが、校長は杉野中学校の授業を見られて、

「子どもが変わった」
と感動してつぶやかれた声を未だに忘れることはできない。村上宣雄先生の理科の授業を見た先生方は、生徒たちが主導する授業を呆気にとられた顔で参観された。これは今までのおとなしい受け身の教師主導の動かない地校の生徒＝授業ではなかったからである。その後、私は、滋賀県僻地教育の研究に広くかかわることになった。湖西の朽木西小学校、朽木東小学校、湖北の湖北中学校、杉野中学校、木之本小・中学校、湖東の政所中学校などである。

2部　授業の開発をめぐって

6章　現場の授業研究と研究者

1　授業研究の現場から見た研究者

　教師は子どもたちを指導しながら教師としての自己形成をする。それと同じように、授業研究に関して言えば研究者は実践現場に出て実践家の授業を見て、その授業について議論しながら自らの授業論を肥やしていく。社会学や心理学の理論的枠組みをあらかじめ用意して授業研究の場に行き、その枠組みを修正したり膨らましたり、壊したりしながら自分の授業論を広げ深めていく。学問研究の方法概念を持って実践者に対峙する研究者は、そのようにして本物の研究者になっていく。授業の現場にどっぷりと浸からないでも学問研究としての授業研究は成就すると考えられるかも知れない。デューイは、問題解決学習のための実験学校を作ったけれどヘルバルトは段階教授法を授業実践を観察しながら作り上げたのであろうか。必ずしもそのようには思われない。現代においても学会での授業研究としての方法論研究は、現場の授業実践をまるごと研究対象とすることは少ないのではないか。私の経験からしても、たとえば、「学習集団形成度」を学習者の立場から測定する客観的な測度を作るために、質問項目を用意し、因子分析法を試みた。その妥当性を心理学や社会学の文献から検討した。質問は教師中心の一斉教授の授業後と自主協同学習の授業後とで２つのクラスの比較分析を行うという手続きを取った。この際私が、現場に出向いたのは、でき上がった質問紙を持って、授業後の子どもの反応を取らせていただくために２つのクラスを見学しただけである。授業担当の先生の準備された授業案、教材解釈、子どもたちの学習の手引き、ノートなど授業を構成する諸要素については、２つの違った類型の授業過程であるということを確認したのみである。

　このような研究者を見る実践家の目は厳しい。実践家を対象とする講演会において、また、授業実践の公開研究会の講評においても、研究者が話すご

く短時間の発言で、実践家はその研究者が本物であるか否かを見抜いてレッテルを貼ってしまう。
「この人は現場を知らない人だ」
と見たら、その後の話は信用されないし聞いてはもらえない。私は、何度か、
「先生は本物だと思った」
と言われたことがある。ということは本物でない人がいるということだろう。もちろん、「授業の現場で本物ではない」と判定されることが研究者としてだめだということではない。研究者としての世界では一流であるけれども、授業実践への理解が不十分ということにすぎない。要するに授業がわかる研究者と授業を知らない研究者とが分類されるということである。

　三隅二不二氏が主催したリーダーシップ論の国際シンポジュームが京都で開催された。アメリカの有名なフィードラー氏が参加していたので出席してみた。どなたか、授業における教師リーダーシップに関する質問をしたところ、それに対するフィードラー氏の説明は、聴衆の失笑を買った。授業のリーダーシップ論については考えたこともなかったようである。当時フィードラー氏はリーダーシップ論研究の世界では第一人者であったが、教育の現場については関心を持たなかったのであろう。

　研究者も千手観音ではない。アメリカン・ソールジャーを対象としたリーダーシップ研究で名をなしたフィードラー氏に授業場面の問題を出したことは適切ではなかった。授業実践を観察し研究の対象としている研究者が新しいリーダーシップ論を授業場面に適用することで授業改善は進展する。

2　授業研究と学問研究

　この人は授業のことについて、発言しなければよいのにと研究会で、同席していて思ったことが何度かある。それを感じるのは、使用される言葉である。学問的概念を使用して話す、あるいは、現場の授業研究には普通使用しない一般常識的用語での批評である。私も若気の至りで何度もこのような失敗をしている。現場の先生方にとってファミリアーでない言葉を使うとき、

注釈を入れるとか少し説明をするとかしなければ理解されない。学会では通用するけれども現場の授業研究では理解されない概念は多い。よほど現場に出ていないと研究者には、このあたりの感覚は育たない。授業研究の世界は一種独特のタームス（terms）の世界である。この授業実践の世界で通用している概念を持って学会に臨んでも、ほとんど理解されないであろう。反対に学会で通用している概念で授業の現場に臨むとほとんど聞いてはもらえない。私は、パーソンズの社会統制・社会化の位相運動論やAGIL図式によって授業の学習集団形成の説明を行ってきた。授業場面の構造変動を学会で説明するために有効であると考えたからである。これは、AGIL図式で授業の構造機能分析ができる、ということを証明したまでである。

反対に授業現場に対しては、集団の一般的な構造・機能として授業現象を意味づけることができるということを言ったことになる。学会の方から見ても、授業研究の現場から見てもそんな概念を持ち出して説明することなどどうでもよいことであったかも知れない。しかし、社会学や社会心理学の概念を持ち込まなければ、授業の変革の方向や方法が明らかにならない場合もある。「支持的学習集団の形成」（片岡徳雄）は、パーソンズ流の社会統制の類型論からすると、従来の伝統的な授業の風土は、「賞罰」「相互作用の拒否」的である。それに適応できない子どもたちは、授業の場面で消極的になり学習意欲を失っている。この問題を解決するために伝統的な授業過程の社会統制は、「支持」「許容」の位相を拡大する必要があるという提案は、まさに、社会統制の類型論から導き出された方向性である（片岡徳雄『支持的学習集団の形成』(現代授業論シリーズ４)明治図書出版、1974年および片岡徳雄『学習集団の構造：その人間関係的考察』黎明書房、1979年を参照）。

教師リーダーシップに関しても、K.レヴィンの「民主的」「専制的」「放任的」という類型論に当てはめてみると、一斉教授のリーダーシップ類型は「専制的」である。もっと多くの学級の子どもたちに授業に主体的に参加させるために教師のリーダーシップは民主的リーダーシップであるべきだ、という改善方向が出てくる。社会学や社会心理学の概念によって、授業場面

を見るときその問題点と改善の方向が明らかになることは少なくないのである。

　そのために、教職科目では社会学や社会心理学の基礎的教養を身に付けるための授業科目が大学において開設されている。しかし、卒業して現場に出てしまうと、学問的世界とは一線を画する現場生まれの概念で、授業研究は行われてしまう。それらは教育現場で教育社会学や社会心理学の概念に再解釈される必要はなく、そのためにほとんど再解釈は行われない。
「先生、あなたが言っていることと同じことをわれわれはやっていると思う。これでよかったのか。」
などと、講演のあとでつぶやかれたことが何度かある。自主協同学習について、私は昭和40年代はじめから主張してきた。それが理想の授業の姿であると。私の考え方が浸透している一部の地域では、教育現場では、なんとかして自主協同学習を実現したいと先生方は日々努力されているように思われる。

　しかし、何十年も自主協同の教育原理を再認識する機会がなく、それらしい実践を試みている場合、ついついこれでよいのかという疑問に苛まれるのであろう。自主協同学習は学級の子どもたちの状態によっても、うまくいく場合と一向にうまくいかない場合とがある。うまくいかない場合は子どもたちの学習意欲が低下し、学力が付かない状態に陥ると、とりわけ、これでよいのか、一斉教授に戻した方がよいのか、を自問自答することになる。そんな時に今一度、自主協同学習の理論を読み返すなり、講演を聴くなり、研究会に参加して質問するなりすることが求められる。

　研究者の側では、理論と実践の方法を常に進化発展させていくことが求められるし、子どもたちという生きた人間を対象としている教育の現場では、子どもたちのリアクションに常にさらされ、これでよいのかという迷いが起きる。その際には、研究者とのコミュニケーションが必要である。もちろん、確認の相手は、新潟県の優れた実践家の大竹敏夫氏のような確固とした信念と方法とを持った教育現場の実践家であればなおのことよい。教職大学院の

存在理由もこのような次元にあるように思われる。

　少し横道にそれるが（この記述そのものがすでに横道であるが）文部科学省で大学設置審の委員に面接を受ける羽目になった。中国学園大学の子ども学部に大学院子ども学研究科を設置する申請の過程で、保留が何度も出て最後の機会として文部科学省で面接の場が用意された。この面接でうまくいかなければ、取り下げなければならないところまできていた。私は申請書に何が不足しているのか理解できていなかった。よくよく設置審議会の委員の方のお話を聞くと、現職の教員を受け入れるという趣旨なのに、そのための講義演習がカリキュラムの中に用意されておらず、基礎理論的な内容ばかりではないか。これでは筋が通らない申請書だ、ということらしい。私はとっさに反論した。現場の先生方は大学院に何を求めていると思われるか。現場で遭遇した実践問題の解決に大学院に来るのではない。先生方は大学院で再度、教育の理念や理論を再確認したいと思って来られるのだ。だからこれでよいと思った、と。

　ただしさすがに、そうはいっても、ご指摘のあった現場の教育問題の解決にかかわる内容の授業科目の開設は十分ではなかったので、その点を修正したい、と言って帰ってきた。修正を加えて提出した結果は設置認可された。政治的に大学院の設置が難しい時期であったので他大学ではかなり多くの申請が取り下げられたと聞く。幸運であった。

　まさに横道であったが、私は、研究者は研究的世界で理論を、実践家は実践的世界で実践を極める、そして、研究者と理論家は必要に応じて相互に対峙し意見交換をすることであると考えている。お互いがお互いを必要としているのだ。しかし両者は別の世界に住んでいる。

研究者のプライドと実践家のプライド

　研究者養成の大学院博士課程は少し前、昭和30年代までは、象牙の塔の中にあった。私のような大学院のない学部に入った者には、大学院という所の全貌は、少なくとも学部時代には想像もできなかった。広島大学大学院の入

学式を控えた3月であったと思う。助手のM先生から、教育社会学教室から連絡事項があり、お便りをいただいた。その冒頭に、「4月からの研究室生活に胸を膨らませておられることと拝察いたします。」みたいな枕詞が書かれており、新鮮であったと同時に、「研究室生活」たるものに全くイメージが湧かなかった。大学院も未知の世界、その上に助手・助教授・教授が同じ専攻として縦の系列をなす講座制研究室という概念は、大学院のない教員養成系の大学では未経験であった。今までの経験では教育社会学の専任は一人（社会教育も担当されていた）であり、卒論生が数名所属して1年で卒業していく。採用試験を受けて、卒業後は教師として現場に出る。これが私の経験した大学であった。

　研究者養成機関は当時、中国四国地方では広島大学1校のみ、私の同級生は、修士課程では12名、博士課程では5名になった。中国四国内で研究者の訓練を経験したのは、この年度の同学年で5名ということになる。修士課程・博士課程・助手合わせて8年間の研究者養成について体験できた者は教育学に関する限りは同学年5人であったと言えるであろう。このような状況の中で、研究者とはどんな生活世界で育てられるのかを知るものは、相当少なく一般には目に付かないので、おそらく謎に包まれていたであろう。そんな研究者が教育の現場にやってきて、耳慣れない用語を使って、あれこれコメントするので、教育現場の先生方は困ってしまう。

　そこで現場は大まかには2派に分かれた。研究者尊敬派と否定派である。研究者尊敬派は研究者の使うテクニカルタームスを理解しようと努力し、一定の理解を得るとますます研究者の話や著書に取り組み、実践にそれを生かそうとする。このような尊敬派の先生方は、新しい授業の導入に大きく貢献することになる。新潟で出会って新潟の教育を変えた大竹敏夫さんや関根廣志さんはこのタイプの典型であった。他方、研究者否定派は、研究者の話を聞くと、
「この人は現場のことは何もわかっていない」
というように、早々に相手をネガティブに評価し見切りを付けて、ほとんど

話を聞かない。しかし否定派の中にも、全否定ではなく、研究者の考え方や理論に反論を持つ人たちがいる。研究者と十分に議論しようとする人たちである。この人たちの場合は、ついに「わかった、やってみよう」という結論に達する場合がありその人たちはその後の授業変革の騎手となることが少なくない。勝央中学校の桂先生（数学）などがその例である。

　もっとも困る問題は、研究者の立場からしても実践家の側からしても、話が相手に通じないことである。現場の一部の実践研究のグループなどで研究を続け深めている人たちはある種の自信を持っている。それに、そのグループ内ではなんとか通じ合える特殊な独特の用語を使って話す。この用語は一般性がないから、その研究グループに所属していない研究者にはなかなか通じない。「何を言っておられるのだろう？」という気持ちで研究会を修了してしまう。実践家の側からしても、「研究者といっても、何もわかっていないなー」というようなことで、成果は上がらない。

　研究者の側からするとこのような現場の研究グループが一番苦手である。最悪の場合は、この研究グループの自己肯定的なメンバーに混乱させられることがある。私にもあそこには入っていけなかったと感じる一群の研究グループが、今苦い思い出と共に脳裏に浮かぶ。

　私の経験では、このような授業研究グループに属さない丸腰のまだ色のついていない先生方が話がしやすかった。授業をどう進めたらよいかわからない藁をも掴む思いの方が私の「教授パラダイムから学習パラダイムへの転換による授業のあり方」についての話はよく聞いてくださった。そして「やってみようか」と導入に取り組まれた。一斉教授で十分学力を付けていると自負しているような人は、私の話はどうでもよい種類のものであったように思われる。「自主協同学習」など、なぜ必要なのだろう、と疑問に思う。

　研究者が現場に入っていくことは容易ではなかったけれど、教育方法学研究室の先生方は昭和40年代に入って、かなり頻繁に現場を訪れ固有の独自の授業論を説き授業を変革していた。教育社会学者で、そのようなことをする者は日本教育社会学会では異端者扱いされた。私の場合は、教員養成大学学

部を卒業して研究者の世界に入ったということ、広島大学の教育社会学講座には授業の社会学を提唱されていた末吉悌次先生、片岡徳雄先生、森楙先生がいたこと、などの環境から授業の研究には恵まれた条件が整っていた。にもかかわらず、当時の教育社会学研究室の私の前後の学年には、授業研究に傾倒する者は多くはいなかった。しかし私にとって授業は、個人としても、研究室環境からしてもやらねばならない研究対象であった。そのために進学をしたのだから。

自主協同学習というネーミングは、もちろん加茂川中学校の「自発協同学習」に触発されてのことである。当時、「自発」「主体的」「自主的」が新しい研究開発として授業研究に付された。児童生徒が教科の学習に積極的に取り組む授業方法を教育界が模索していたのである。この、積極的態度をいかにして子どもたちに起こさせるか、私の場合は、教材の構造化や教育機器による個別指導ではなく、自然な状態での学級集団の人間関係を「競争」から「協同」に変えることで、全員参加の授業をつくり、学習者の意欲を高め、積極的に取り組む学習集団に作り上げることであった。

人間関係をつくるとか変えるということは、子どもたち各人お互いに好き嫌いがあって、そう簡単に変えられるものではない。協力し合えといっても、虫の好かない同級生と、そう簡単に協同活動ができるものではない。と、その方法の甘さを指摘されることもあった。大人になって職場集団に入ると、いやな人のいる部署に所属しなければならなくなることは少なくないであろう。私的な感情とは別に、協力し合わねばならないことがしばしばである。学級集団でそのような場面をどうするかを体験的に学習することも重要な自主協同学習の社会化機能である。

人間関係を変えれば、子どもたちは積極的に授業に取り組むようになるのだ、という論理はなかなか理解されない。事例を見せろということになる。勝央中学校はその時大いに貢献された。現場人は現場を見て質疑に応じてもらえば納得する。研究者の限界であり、事例校の存在は絶対に必要であった。

実践モデル校

　モデル校はどのようにしてでき上がっていったのか。まずは、当該校の問題意識である。そして、その学校の先生方つまり実践家の卓越した頭脳と努力によったということである。その先生方の話を総合すると、たとえば、高知市の旭小学校の近森先生は私の書いた本が頼りであった、という。本を読み込んで実践化する卓越した力量をお持ちの方がいて、授業を変え、それをモデルにして他の学級も実践できるようになっている。このようにしてモデル校ができ上がっているということである。

　ここから、私は他方で大学生時代に学生に何を鍛えておけばよいのかを感じ取った。それは教育実習・実践の体験は必要であるが、とりわけ論文や本を読み取る「読み方」を身に付けさせることである。教育実習以前の大学教育の根幹をなす教育である。現在それを意識して大学で実践されているかどうかは疑わしい。

　少人数であったけれど、私の教育方法学演習ではその訓練を心がけた。卒業後、教育界ではなくて企業に就職した学生の一人から、その演習で受けた本を読む力、本や論文の読み方の訓練が役に立っている、というのを聞いた。この読書力がないと、卒業後教師になっても、専門的な本に手を出さなくなるだろう。それでは、大学で教員養成を行う意味がない。ゼミの学生は、ちょっとその気になって訓練すれば、読書の方法を比較的簡単に身に付けたのである。

　研究者の養成には、社会学や心理学などの科学的学問に依拠したしっかりとした方法論で論文や本を書く訓練が必要であり、これは研究者養成大学院教育学研究科の必修要件である。他方、実践家は研究者が用意する理論を読解して実践場面に実現するという共同作業によって、見通しのある授業改善研究は進展するであろう。

7章　自主協同学習という名前をめぐって

1　ネーミングにこだわった人たち

　実践を始めた岡山県勝田郡勝央町立勝央中学校（当時）では、「自主」と言い切るほど生徒の自主性で授業を進めてはいないので、「自主的」と呼ぶことにした、ということで自主的協同学習と呼んだ。その背景には、生徒たちが授業を進めるのだが、それは、授業の運営面であって、授業の全体とは言えないということである。教材は検定教科書、授業の進め方は現段階では教師が用意する学習の手引きにしたがっている。だから本校でやっている授業は自主協同学習とは言えない。先生方は自主的協同学習だ、と用語の厳密な定義を下していた。当時、昭和40年代の勝央中学校の研究紀要をひもといてみると、そこに書かれている文章は誠に厳しい。学校教育に携わる先生たちが、ここまで自らに厳しく高い緊張感の中で教育や実践研究に取り組まれていたのかと、今読んでも身の引き締まる思いがする。

　私は、自主協同学習がこの実践研究の求める究極の目標であり、目標をネーミングとして使ってよいのではないか、そう思ってそうしたが、勝央中学校の先生方は、まだまだそこまでいっていないから、と現状を正確に踏まえた「自主的」を使った。

　このようなことは別の学校でも経験した。すでに述べた滋賀県高島郡の今津中学校で理科を担当されていた松見茂先生は後に、高島中学校に転勤されてからも、ご自分の理科の授業をこの自主協同学習形態で進められた。その際、まだまだ「自主協同」といえるところまでいっていません。理念からすると邪道を随所でやっています。「自主的協同学習」ですよ、と話された。

　そのように厳密に自分の授業を見つめながら改良を続ける人たちの授業はなぜか、際だって「自主協同学習」としての雰囲気が高かった。

　青森県十和田中学校へは公開研究会のために3年越しで訪問した。研究主

任の中尾圓治先生は「自主協同」の実践に疑義を挟まれた。「自主」と「協同」とは対立するのではないか。と言われるのである。自主とは他者に頼らず自分でやること、協同は他者の助けに頼ることと考えたのである。にもかかわらず、遠方より私を研究協力者として呼んだのはまた別の意味があった。

当時、東北は島小の実践で名をなし、後に宮城教育大学の教授になられた斉藤喜博氏のシンパが多かった。十和田中学校も例外ではなかった。十和田中学校はそんな中でなぜ私を講師に指名したのか。中尾先生の言によると、斉藤喜博氏は生徒の前で担任教師を叱ったり罵倒する。あれにはうちの中学校は耐えられないので、先生にお願いした、とのことであった。研究というものはついつい指導する側の者は本気になるので私も失礼があるかも知れませんよ、とは警告しておいた。

初年度の授業を参観して後の講演のあと、中尾先生は、すでに述べたように「自主協同」と言うけれど、自主と協同とは相矛盾する概念ではないか、なぜそれを一緒に使われるのか、という趣旨の質問をされた。お互いに協力協同しながら生徒たちで自主的に学習指導を進めていく学習集団を創るというほどの意味です、と答えておいたが、納得はされなかったようである。

2　自主協同学習とは

自主協同学習とは「個人の自主性と成員の協同によって進められる授業」か「授業によって個人あるいは集団または個々人の自主性と協同性を培う授業」なのか、あるいは「自主」とは、児童・生徒一人ひとりなのか、授業集団の自主を含むのか、「教材選択」までも含むのか、「学習方法」に限定されるのか、などの議論を十分に整理しないままに、私の自主協同学習論は今までやって来た。このいい加減さを非難されることになるが、このあたりの議論が現場の研究会ではほとんど出てこない。仮に私の方で議論を起こすと言葉の定義だけでまとまりが付かなくなるであろう。

私はそのように考えて、ネーミングの定義に関しては議論を避けた。研究者としては全くルール違反であった。少なくとも私自身としては、しっかり

定義をしておくべきだったかも知れない。自主協同学習の正当性を一斉教授との比較を通して考えてみよう。

1) 子どもたちが授業進行の中心となる。

したがって子どもたちの授業中のコミュニケーション量は一斉教授に比べて多くなる。

一斉教授の場合教師が取っていたリーダーシップ行動の多くは子どもたちに委譲される。授業の司会進行、質疑応答などは子どもたちによってなされる。内容の深化が不十分な場合にのみ教師が質問の形で子どもたちの学習過程に介入する。

2) 子どもたちのコミュニケーションパターンの変化。

教師に対する「応答発言」中心から「発問」、「指示的発言」が増す。

3) 子どもたちの学習集団での役割

教師のリーダーシップを後退させた分、子どもたちがその役を演じなければならない。授業過程の役割は小集団で受け持つ場合が多い。学習係の班が授業の司会進行を務める。クラスによっては個人が司会係を務める場合があったが、これではできる子だけが活躍することになるし、協同活動としての趣旨が後退する。小グループで学習係を協力しながら務めるのが一般的である。

子どもたちにどれだけの役割を与えるかは、子ども自身および学習集団の発達状態によって異なる。初期には教師が司会進行を務める場合もある。鳥取県東伯郡の東伯中学校斎尾先生の国語の授業はそれで成果を上げていた。たしか、この学習形態導入2年目であったが。

4) 授業内容面のリーダーシップ

私の自主協同学習は日本の学校教育制度を否定するものではない。各教科、そのそれぞれに与えられた教材・教科を学習するというスタイルである。その意味では、厳密な意味で自主協同学習ではない、と言われることがある。教師や学校単独で優れた教科や教材を作り上げることは容易ではない。今提供されているような教科書を作成することは、十分なトレーニ

ングがされていない現代の教師にとって難しい作業となるであろう。現代の学校教育課程をそこまで変更することは一期には大変難しいことである。制度的に用意された授業時間と学習指導要領に準拠する改革でかつ授業を「教授パラダイム」から「学習パラダイム」に変えることで、全員参加と子どもを学習の主体に育てることをめざすのが現実的かつ、効果的であると考える。

教科書の学習となると、教師は、子どもたちでこの教科書をどう攻略するかといった観点からの「学習の手引き」を作ることが必要となる。それに基づいて子どもたちは授業を展開することができる。これができない段階では斎尾方式で教師が司会進行を行うことになる。そこから抜け出し、学習の手引きによる授業進行ができるようになり、さらに、ほとんど手引き無しに授業を作り上げることが子どもたちにできるようになる。手引きの段階にあった勝央中学校は、自主じゃない、「自主的」だ、と言ったのである。勝央中学校の自主協同学習とは協同しながら子どもたちが自主的に授業を運営するということであった、ことがわかる。もちろんその結果、一斉教授とは異なる多くの教育効果を期待したのであるが。勝央中学校がめざした最初の目的は、一斉教授で授業についていけなかった者の学習への参加であった。自主協同学習は、この問題を解決した。生徒全員が授業に参加できるようになった。

3　自主協同学習の目的

自主協同学習は授業を通して次のような目的を達成しようとしている。「全員参加と学習意欲の向上」「学級に協同的人間関係の育成」「学力の向上」「学習方法の学習」「学習集団規範の内面化」の5つである。

「全員参加と学習意欲の向上」

に関しては、一斉教授（教授パラダイム）では、教材がわかることによって意欲が向上するという図式での指導であった。自主協同学習では子どもた

ちの人間関係、教師と子どもの人間関係を変えることで学習への意欲を高めようとする。支持的学習集団による協同学習によって全員参加の授業をつくることで、全員の意欲を向上させる。一斉教授では授業に付いていけなかった者も仲間の配慮で学習への参加の機会が生まれる。間違えてもよい、失敗しても笑われたりしない仲間たちに支えられて積極的に学習に参加することで、学習への意欲が高まる。

「協同的人間関係の育成」

　人間関係の育成は、教育現場の伝統からすると特別活動領域の仕事である。各教科では学力づくりを、特別活動では生活指導をと、されてきた。これが現場の伝統的な領域論での主張であった。一斉教授において人間関係づくりや生活指導などできるはずがなかった。それらは学級会活動や学級指導で行うべき、が常識であったのである。

　それに引き替え、自主協同学習論では学力づくりも教科指導も人間関係づくりや生活指導も授業過程で行う。もちろん生活指導の直接の指導場面は特別活動領域である。授業過程もそれらの重要な機能を果たすと認識される。協同や協力、助力、分業や相互扶助、支援、許容、などをもって構成される自主協同学習の過程は生徒指導と無関係には成り立たないのである。学習指導と生徒指導の統合である。加茂川中学校の授業は、「読ませていただきます」、と多数の生徒が立ち上がり周囲を見回して、発言の少ない人に譲り合い、他の者は着席する。最初見たときはなにか不自然な気もしたが、次第に慣れてくると、これが自主協同学習の一つの授業過程なのだと、当然のように行う子どもたちを頼もしく見守るようになった。

「学力の向上」

　自主協同学習は学力の向上をめざす。文部科学省学習指導要領によると年間授業時数の大半は教科指導が占める。現代の日本の学校がめざす教育はやはり学力づくりである。その学力の定義は微妙に時代とともに変化するが、

学校教育の目的は各教科の「学力づくり」がメインに位置づけられている。その目的を達成するために各教科の教科書が編纂される。「教科書を教える」のか「教科書で教える」のかの議論はさておき、自主協同学習の授業は、この教科書に準拠する。短学活の時間がのびるようなことはあっても、授業時間数なども学習指導要領に準拠して行う。自主協同学習論は、なにも教育における反体制的理念を掲げているわけではない。むしろ、置かれた条件の下で、より一層目的の達成度を高める授業の方法として考えているのだ。参加する学習者全員が基礎学力を身に付けることこそ自主協同学習論の主要な目的である。

　勝央中学校も、新潟の大竹さんも今津中学校も甲良東小学校も学力が上がったことを印刷物や公開研究会の際に報告している。勝央中学校で、こんなことがあった。確か昭和46年の6月であったと思う。専攻科に入学したばかりの10名の現職の先生方を引率して、滋賀県大津市から勝央中学校にやってきた。私の授業では、この授業参観は、毎年の行事となっていた。その専攻科の学生は、現場の教頭前の優れたベテラン教師であった。自主協同学習論を講義してもなかなか納得されないので、毎年、勝央中学校の取り組みを参観することにしていた。

　この年は、校長が交代していた。若い元気の良い校長先生とは、案内された校長室で初めての顔合わせであった。先に口火を切った校長は、私に、
「本校は、先生から自主協同学習とかをご指導いただいているようですが、私は反対です。」
「教室を回ってみると、教師は窓際でほとんど発言もしないでジッと立って、生徒ばっかりが、わいわい、がやがや、やっているのを見ているだけじゃないですか。これは授業指導者ではない。」
「それにしては、本校の模擬テストの結果は良い。群内全受験者の上位30番中に15人も本校の生徒が名を連ねている。この成績でも落ちるようだとすぐ止めさせますから…」というお言葉であった。私は反撃する元気もなくして「生徒たちがあれだけ熱心に学習に取り組んでいるのですから、成績が上が

るはずですわねー。」
とやっとそれだけ言った。

　来年度からは別の学校訪問を考えないといけないなーと、思ったものである。しかし、1年経つと校長は考えを180度変えていた。むしろ自主協同学習の旗振りに変身していた。次の年、ダメモトで訪問を依頼してみると、
「どうぞどうぞ来てください。校長はかわったぞ。」
というのが髙橋研究主任の言葉。早速お邪魔してみると、私の書いた論文などのコピーが井戸校長先生の校長室にはあった。なぜ校長先生は考え方を変えられたのか、なぜ変わったのか聞くと、
「この学校にはこれしかないとわかったからです」
と言われた。謎のような言葉で、未だ判然としないが、すでに井戸校長先生は他界されており、ご本人に聞くことはできなくなっている。

「学習方法の学習」
　自主協同学習でもっとも顕著な特色は、この学習方法の学習である。一斉教授が小中学校の一般的な授業形態であった時代は、学習方法の学習は意図的に教授されることはまれであった。ほとんどなかったに等しい。だから学習方法の学習は学習者が自分で作り出すものであった。中学校も後半になってやっと英数やその他の学習方法が一部の学習者に体得された。それを身に付けた者（「学習の仕方がわかった者」）は、効率的に教科の学習ができたし成績も向上した。この学習方法を意図的に身に付けさせようとするのが自主協同学である。というより、これを身に付けなければ、自主協同学習自体が成り立たない。自主協同学習における学習方法の学習とは、個人学習の方法だけではなく、授業過程としての学習方法である。みんなで授業を進める方法を身に付けることを媒介にして個人的な学習方法も身に付けていくことになる。授業の司会進行、発表・質疑などはすべて授業の中で行われる学習者の活動である。ということはこれらを担当する場合を想定した個人レベルの準備が必要である。どのように学習していけばよいか、何を準備しておけば

よいか、学習者は教師の立場と学習者の立場と双方に立った準備をすることになる。自ずとそれは、「学習パラダイムの授業」の基礎である「学習方法の学習」をすることになる。

「学習集団規範の内面化」

　授業が成立するためには、学習集団が学習集団として働くように集団成員の行動を規制する集団規範が成員に内面化され、集団に制度化されねばならない。その集団規範は一斉教授と自主協同学習では大幅に異なったものになる。学習者が自主的に授業を運営するための約束事が多々学習者に共有される。「わからない者が発問し、読めないものが読む」とか「発言の機会の少ない人に発言の機会を譲る」「わかるまで尋ね、わかるまで教える」などに始まり、学習方法に関する取り決めや教師の出番を事細かに設定することによって、子どもたちは学習の主体として活動することができる。言い換えると学習者が授業の主体になるように行動できる集団規範を制度化するということである。

　この学習集団規範が乱されるとこのタイプの授業は進まない。したがって、重要なのは学級経営である。佐川愛子先生は授業の成功は徹底した学級経営だと言う。教師に対する愛着、尊敬、信頼があって、学習者間の関係が良いことが自主協同学習の基礎的条件になる。授業自体がそのような縦横の関係を育てることを意識した集団過程でなければならない。

　自主協同学習の目的は学力づくりのみにとどまらず仲間や学級に対する態度の育成にもかかわる。伝統的な授業形態においてもそれらは何らかの形で生じ子どもたちと学級集団を形成することになっていた。ただし、学力のみが目的とされ、学習者の価値・態度の形成や集団形成という視点は計画的指導としては顕在化されなかった。このように言うと反論が起こるであろう。「静かにして聞く」「先生の質問には挙手して指名を受け答える」などの態度形成や集団形成を意図的に行ってきたではないかと。そこで生じる学習者の社会的態度や学習集団の構造は良いか。授業とは「わからないから尋ねる」「読

めないから読んで指導を受ける」場だと定義されたのと学習者の授業に対する態度、学習集団の構造は違ってくる。集団成員全員にとって学習意欲はどちらの授業形態が高まるか。「学力」のみならず「意欲」、「学習方法の学習」、「人間関係」に及ぼす授業形態の影響を検討して授業は計画実施されなければならないであろう。それをやろうとしたのが、本自主協同学習である。

　自主協同学習は以上5項目を学級のメンバーが授業や学級諸活動を通して共有することによって成り立つ学習指導形態である。

4　なぜ協同学習なのか

　一般的に言って社会関係は競争と協同に分けられる。競争はさらに「目的競争」と「対人競争」に分類できよう。協同の方は「目的協同」と「対人協同」とに分けられる。さらにこれらは、「助力」「合力」「分業」を区分することができる（図7-1）。

　「目的競争」とは課題達成をめざして競争することである。小集団同士の競争に勝つために、算数の文章題を説くための議論をし、小集団で意見を出し合うといった場面がそれに当たる。

　「対人競争」とは他者に勝つことが一義的目的で、課題達成に取り組むような態度である。他者に勝つために算数の文章題を誰よりも早く正確に解こうとする態度である。

　「目的協同」とは課題を達成するための手段として協同活動を行うというものである。

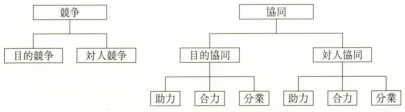

※さらに、競争と協同は、個人間競争と集団間競争とに分けられる。
図7-1　競争と協同

「対人競争」は他者に勝つことを最優先する競争であり、「対人協同」は仲間と一緒に活動すること自体が第一義的目的となる場合である。

　それではなぜ、学校で協同学習なのか。将来子どもたちが入っていく社会は集団活動の世界である。そこでは必ず協同活動が行われる。質の高い協同活動が行われるためには、子どもの時代から協同活動の態度や技術が育てられなければ、これからのグローバリゼイションの中で、職場集団そのものが成立しなくなる。多民族国家は、アメリカをはじめとして、協同教育を取り入れようとしているのはそのためである。協同学習こそは、協同活動の価値・態度・あり方を授業を通して意識的に教育できるもっとも有力な手段である。家族集団や地域のインフォーマルな仲間集団が次第に社会化機能を減退させていく中、学校の授業過程は、学力づくりのみならず、社会性育成のための重要な社会化機能を担うことになるのではないか。

8章　自主協同学習の開発にかかわった人たち

　本章では自主協同学習の開発の過程でその理念を具体化する実践を編み出した方とその際の所属学校について記憶をたどることにする。もちろんここに取り上げた他に大変多くの方々と学校から私は多くを学んだけれども、多くを忘却の彼方に失っている。失礼の段を心よりお詫びしたい。

1　滋賀県　酒井淳二先生、木野和也先生たちと老上小学校

　昭和44年4月、広島から滋賀大学教育学部に転勤になった。本格的に一人前の教員として授業がいくつか割り振られた。専門外の日本教育史、社会教育、学習指導論、教育原理、一応専攻ということになっている教育社会学、滋賀大学に在籍の先生方が不得意とする科目はすべて新任の講師である私に振り当てたということがあとでわかった。就職難の時代に国立大学の教育学部に就職できたことを感謝しなければならない身である。狭い分野をほじくっていたので、視野を広げる勉強にもなるので、頑張って講義の準備をすることにした。ノートを作っていると、「今日も朝が来たな」と思いながら、朝食を取って、すぐ下のキャンパスの授業に出た。自宅がキャンパス裏の官舎で通勤時間ゼロ、大いに助かった。西日の当たる小さな研究室に入っていたが、天国であった。

「○○先生お近くの電話におかかりください」
という電話交換士の声がキャンパス内に響く。電話は廊下に一つある共同電話だ。赴任して間もなく私宛に外線から電話があった。近くの草津市立老上小学校の酒井淳二先生という方からであった。

　今まで広島大学の助手であった私のことをなぜ知っているのか不思議で、お尋ねした。明治図書の「授業研究」誌でずっと追っていたら広島大学という所属名が滋賀大学に変わっていたので電話してみました、とのことであっ

た。以来長い長いお付き合いが酒井先生と続いたが、不幸にも彼は、側索硬化症という奇病に取り付かれ道半ばにして退職されてしまった。しかしそれまでにたくさんの実践が老上小学校で創造された。私の編集した『容認支援による意欲づくり』（黎明書房、1977年）に一部、この学校でのユニークな実践を掲載している。寺下昭二「体育授業における意欲づくりと集団づくりの実践」（上掲書31〜48頁）、木野和也「班競争から協同へ」（106〜125頁）、酒井淳二「一つの輪」をめざして」（126〜144頁）の3編である。この実践記録を執筆の時点で酒井淳二氏と寺下昭二氏は草津市内に新設された玉川小学校へ、木野和也氏は守山小学校へ転勤しており、所属が老上小学校ではなくなっているけれども、記録の内容は昭和40年代後半から50年に掛けての老上小学校での実践である。

　しかし、本書では、私は、自主協同学習という言葉を使っていない。『容認支援による意欲づくり』は片岡徳雄先生が作られたネーミングであった。まさに片岡徳雄編著『集団主義教育の批判』（黎明書房）の理念の実践的展開であった。草津市立老上小学校ではすでに昭和50年頃より自主協同学習というネーミングを使用しての授業改善研究を進めていたが、教育理念は同じであったけれど、自主協同学習ではこのシリーズには収まりが悪かった。私が自主協同学習を自分の授業論として使用し始めた最初は、髙旗正人著『自主協同学習論』（明治図書、1978年）以降である。しかし、その考え方を最初に実践していただいたのは、中学校では岡山県勝田郡勝央中学校（昭和43年頃）から、小学校では、草津市立老上小学校からである。老上小学校では、校庭の入り口に、「自主協同」を刻んだ石碑を建てて現在に至るまでこの教育理念を校是としている。そして、当時の教職員も子どもたちも酒井淳二先生を忘れていない。

2　滋賀県　村上宣雄先生と杉野中学校

　滋賀県きっての僻地中学校、木之本町立杉野中学校の校内研修に参加したのは拙著『自主協同学習論』（明治図書、1978年）が発売されてからであった。

教頭の東野廣先生から呼ばれて、たしか木ノ本駅からであったと思うが先生の車の助手席に乗せていただいて、木之本中学校へ赴いた。この年は、僻地校にしては人数の多い21人の学年があった。
　当時は僻地教育の振興が言われており、本校もその方向で何か新しい取り組みを打ち出そうとしていた。私の言う自主協同学習がなぜ目にとまったのか、定かではないけれど、呼ばれるままに、研究会に参加させていただいた。文献研究から入った。まず、東野教頭先生が、私の「自主協同学習論」の内容を30分で全職員に紹介された。それを手がかりに、質疑応答が繰り返され、自主協同学習を導入しようということになった。当時は杉野中学校に限らず僻地校の児童生徒は、自分から手を上げてものを言うということはしないのが普通であった。中学生ともなると先生が発言を求めなければ生徒自ら積極的に発言をするという習慣はなかった。授業を通して生徒に積極性を育てる、という目標を立てての授業開発であった。この授業研究が始まって2ないし3年が経った頃、滋賀県の教育センターでは、僻地中学校の免許外教科の担当が問題になっていた。教員の絶対数が足りない僻地校では、9教科の教科担当は免許を持たない人で担当しなければならず、そのことが大きな課題となっていたのである。
　県センターでは、僻地中学校の研究主任を集めて、免許外教科の授業研究をやりたいが、どこか引き受けてくれるところはないか、という注文を出した。ほとんどの中学校はこの県センターの提案に反発した。免許外の授業担当でもいやなのに、それをやって見せて批評を受ける授業研究会などもっての外と突っぱねるところがほとんどであった。その中で、一校だけ、うちが引き受けてもよいといって手を上げたのが杉野中学校であった。
　そこから次の年の、公開研究会をめざしての授業への取り組みが始まった。優れた理科教師が中心になった。免許外といっても環境科で免許内とも思われたが、村上宣雄先生が公開授業を買って出られた。1年後、「環境」のどのような授業を見せるのか、全校で授業開発への取り組みが始まった。
　木之本町杉野は同県とはいえ大津に住む私にとって遠く、年に何度も訪問

することはかなわなかった。1年空けて公開研究会の日に授業を参観して、私が提起した自主協同学習の授業になっていたのを見てホッとした。生徒の学習係が授業を進めていった。教師は要所要所での発言のみで、ほとんど発言しないで、生徒たちが授業を進める形態の授業を見て参観者たちは、そこに新しい僻地教育のあり方を気づかされたであろう。僻地の子だから授業中発言しないのではないこと、授業のやり方次第で彼らは積極的に学習に取り組むようになること。免許外教科であっても、このような形態の授業であれば、特別な技能を要求される教科でない限り、授業を進めることは可能である、などである。その後、私は在住の滋賀県下で多くの僻地学校の研究会から声をかけていただくことになった。醒ヶ井中学校、政所中学校、木之本小学校、木之本中学校、朽木東小学校、同西小学校、マキノ北小学校などである。

　小集団学習論では僻地校には受け入れられがたいが、自主協同学習であれば、十分、伝統的な僻地の問題解決に対峙できる、と確信したものである（杉野中学校村上宜雄先生の授業に関しては、片岡德雄監修「個を生かす集団指導実践体系」髙旗正人・山﨑博敏編著『全員参加の授業をめざして－理論と実際－』教育出版センター、1986年、154～173頁参照）。

3　新潟県　松浜中学校と大竹敏夫先生、関根廣志先生

　その後長い付き合いとなる大滝睦夫先生はじめ大竹敏夫先生と関根廣志先生にお会いするのは、新潟市立松浜中学校の校内研究である。1973年7月3日であった。事前何年か前に、新潟市教育研究所の成田俊先生が滋賀大学の研究室を訪ねられ、当時私が明治図書出版の雑誌に書き始めた「学習する集団」という概念での授業改善を新潟市でも取り入れたいとのご意向を示された。今見ると、1973（昭和48）年の公開研究会で講演した内容は、その後の私の授業論の骨子と変わっていない。約40年同じことを唱えてきたのだと、その講演メモをなつかしくそして恥ずかしく今広げている。松浜中学校は当時、校内暴力が横行し、良い学習環境ではなかった。生徒指導に先生方の多くの精力が費やされ、授業どころではなかった。私の「学習する集団」＝自

主協同学習論は、未熟であったが、生徒指導と授業の統一という点で、受け入れられたものだと思っている。その後大竹敏夫先生は、私の研究室に1年間内地留学をされ、関根廣志先生は兵庫教育大学大学院修士課程で理論研究に取り組まれた。両者とも現場の経験を踏まえて、授業と生徒指導の理論的な構造と機能を解明し体系化された。その後、両先生は、中学校の教育実践を試行錯誤されながら多くの研究物を執筆された。

　優れた授業改善の力量はこのように理論と実践の相互作用の中で作り上げられていくものだということを両先生は私に身をもって示された。お二方との交流を通して後に新潟市立宮浦中学校の実践を改善することになった。宮浦中学校の斎藤博校長はじめ新潟県の多くの先生方と知り合いになり、自主協同学習は一段と進展した。大竹、関根両先生の確かな理論的バックボーンと熱心な新潟市の先生方の取り組みによって、中学校の変革は確かなものになっていった。

　かつて宮浦中学校は、ひどい学校の荒れに見舞われた。先生方は、できることは全部やった、如何ともしがたい、と嘆いておられた。それを自主協同学習の導入によって改善しようとした。大竹・関根の両先生が教職員会議を説得して、私を講師に呼んだ。夏休み中の8月に第1回の研修会が開催され呼ばれていった。その前にいくつかの問題提起をして宿題を出しておいたが当日聞いてみると何一つできてはいない。公開研究会まであと2年もない。私は遠路はるばる来たのにこれでは全くお話にならない。学校の教育状況を変えることなど夢のまた夢、と言い残して、岡山に帰ってきた。もう二度とお呼びはかからないだろうと思いながら。ところがまた1年経ってお声がかかった。一面でホッとし他方で、また同じことで何もできていないだろう。その時はどう対処しようかと不安を抱きながら研究会に臨んだ。ところが、1年間でかなりの部分が進んだ。大竹・関根両先生の力と斎藤校長先生の優れたリーダーシップによって、生徒も学校も授業も変革を遂げつつあった。学習者主体の自主協同学習の導入には抵抗があったらしい。どこも同じである。しかしそれに反論したのは大竹先生の社会科の授業であった。反対した

人たちが掲げた大きな疑問、たとえば、授業の進度が保証できない、進度が遅れる。学習が子どもたち中心では深まらない。話し合いに気を取られてノートが取れない。よって、学力が付かない。などなど。大竹先生はこれらの疑問にすべて答える自らの授業を全教職員に参観してもらい、納得させ、全校体制で改革に取り組んだ。宮浦中学校には生徒のありとあらゆる校内問題行動は後退し次第に落ち着きができてきた。2年目の訪問時にはすでにその兆候が見えていた。先生方も一丸となって授業改革の方向を信頼し取り組んでおられた。私から見ると私が思い描いていた理想のステージを踏んで、全員参加の「学習する集団」ができていた。これならあと1年あればなんとか公開できる授業になるだろうと胸をなで下ろした。

宮浦中学校は私の自主協同学習の授業改善への適用の長い過程の最後の学校であった。

大竹先生と関根先生が宮浦中学校で総括してくださったと思っている。思えば、岡山県の勝央中学校の高橋典男氏と新潟のお2人、そして、滋賀県の地村末相先生、さらには高知市の明坂守隆先生などをはじめ多くの先生方は私と出会い私とずっと共に歩んできたように思う。私の自主協同学習はこれらの先生方の実践によって支えられ、リファインされたのである。

4　青森県　中尾圓治先生と十和田中学校

中尾圓治先生との出会いは、十和田中学校の研究主任として、公開研究授業の指導の依頼に滋賀大学に来られたことに始まる。遠路青森から大津まで、なぜ来られたのか。私でなくとも、中学校の授業改善を指導し公開研究会を指導する適任者は他にいくらでもおられると思う。そのような文脈で先生の言葉が思い出される。当時、青森の授業実践をリードしていたのは、宮城教育大学の斉藤喜博先生であったことは、当然のことである。中尾先生は、斉藤喜博先生がVTRの映像にも見られるように、生徒の前で授業を行う教師を罵倒叱責されるのが、気に食わないといわれる。なるほど、それは私はやらないが、私のことをどこで何で知ったか、気になってお聞きした。いくつ

かの雑誌論文と著書で、とおっしゃる。実際の私が参加した公開授業研究に参加されて、授業者の先生方に対する私の対応を見られたわけではなかった。それはそうであろう。さすがに私も青森県の研究会には未だ行ったことはなかった。

　それから公開研究会まで2回校内研究会に参加したと思う。もっとも印象に残っているのは、最初である。歓迎会と称して、先生方全員と夕食会をセットしていただいた。私のような若造が申し訳ないなーと思いつつそれでも皆さんと親しくなれる機会だからと参加した。そこで私はショックを受けた。先生方が話しておられる言葉がほとんど理解できないのだ。青森県の十和田市のあたりで使われている言葉使いは、生まれて初めて聞くイントネーションであった。明日は子どもたちの授業を何時間か見なければならない。そしてその後講評をして今後の方向を話さなければならない。しかしこの調子だと、明日の授業はほとんど理解できないだろう。はて、どうしたものか。私はその夜は、疲れていたけれども、なかなか寝付くことができなかった。

　いよいよ授業参観の日が来た。おそるおそる案内されるがままに教室に入って聞いていると言葉の問題は全くなかった。先生も生徒も標準語で話す。取り越し苦労であった。授業そのものは、私が方向づけした自主協同学習にはほど遠いものであった。それは仕方がないだろう。教員の10人近くが斉藤喜博信奉者だと聞いていたのだから。しかし、しっかりとした指導がなされていたように思う。

　感動したことが2つある。一つは、公開研究会の日の朝、生徒たちが先生から指示を受けている。廊下に正座して熱心に耳を傾けている様子が、教師に説教をされている姿勢ではなく、日常的に習慣的に行われている指示の受け止め方のように見えた。中学校で生徒たちがこのような体勢で先生から指示を受けている様子を私は見たことがなかった。なにか改まった姿勢で先生からのお話を聞き逃すまいとする生徒の心意気のようなものを感じて感心した。

　今一つは、これも公開研究会の日であった。校内の廊下のあちこちに、あ

まりうまくない生徒らしい字で、ふとい大きな字幕に「今日の研究会を成功させよう」という呼びかけが書かれた張り紙を認めた。廊下を歩きながら上を向くとあちこちで、その書き物が目に入った。あまり美的とは言えない張り紙だったので、中尾先生に「あれはなんですか？」とお尋ねしたところ、生徒会で話し合って、今日の公開研究会のためにみんなで書いたものだとのことであった。今まで、小中学校の公開研究会には、数え切れないほど参加したが、生徒会によるこのような呼びかけを見たのは初めてであった。協同活動を基調とする自主協同学習を定着させる試みがこのような形で表出されたとすれば、この面では斉藤喜博の授業論を超えることができたか？

その後も中尾圓治先生とはお付き合いを継続している。奥入瀬の渓流、本州最北端、海峡の宿、黄葉の森林、などと共に十和田中学校の思い出は消えることはない。

5　滋賀県　森野栄次郎先生と甲良東小学校

森野栄次郎先生とは社会教育主事講習会でお会いしたのが最初だった。約40日間夏休み期間中に滋賀大学で開催される社会教育主事講習会では現場の先生方と寝食を共にするので親しくなる。その期間だけの方もあるし、その時だけのお付き合いがほとんどであるが、それがきっかけとなって、その後のお付き合いが始まる場合もある。森野先生は甲良東小学校に帰られてから、校内研究の研究主任として私の研究室を訪問された。

学校が滋賀県の学力づくりの研究指定を受けたので協力して欲しいとのことであった。当時、県市の指定を受けた校内研究が盛んであった。頼まれるとよほどのことがない限りお引き受けしていた。甲良東小学校の場合は地区を学区に抱えており、当時、県が取り組んでいた学力評価でやや低位の状況が浮き彫りにされていた。私は滋賀県の総合教育センターのこの専門部会へ参加していて、比較分析だけではなく、学力を保障する方策をなんとかしなければならないと主張していたのだから、このテーマの研究協力を断る筋合いはなかった。

甲良東小学校の校内研究の進め方は独特であった。普通一般には、最初、研究テーマに沿ったお話をこちらからして、それに対する質疑応答があり授業改善研究への方向性を確定していく、という方法がとられる。しかしこちらではそうではなかった。研究推進部がすでに取り組んでいる。その話し合いをまず聞いて欲しいと言われて、最初、午前中各教室の授業を概観した後、午後からはその推進部の協議を拝聴した。数名の先生方によって、約2時間ほど活発な話し合いが行われた。私はキツネにつままれたような気持ちでほとんど何もわからない状態で、先生方の協議に、口を挟むこともできぬままにいた。2時間が経過して、司会者の方から、講師の先生の方から今までの議論を聞いて何かご示唆ください。という趣旨のご指名を受けた。
　「推進部の話し合いは、意欲的攻撃的であったけれど内容は抽象的な学力とは何かという学力論であった。私はこのような話し合いを全面否定した。午前中参観した教室では子どもたちの何人かが、廊下に出て歩いたりして授業になっていないクラスがほとんどであった。授業中廊下をほっつき歩く子どもがいなくなると学力は上がるだろう。その授業をどのようにしてつくるか、を議論する方が生産的である。今聞いたような学力論は100年やっても結論は何も出ないだろうと思う。」
　推進部からの反発は激しかった。そんなことなら、もっと早い段階で言ってくれればよかったのだ、と。私はそれには答えず、この学校からのオファーは次はないだろうと確信した。
　森野先生からその後再び呼び出しがあった。今度は、私に授業改善の方法と方向について話して欲しいとのことであった。やっと普通の展開になったかと私は喜んで2度目の学校訪問を森野先生の車に乗せていただいて果たした。教師の「教授」から、「子どもたちによる協同学習」へ授業をどう変えるか、これから2年間頑張ろう、という趣旨の話をしたと思う。
　授業づくりの2年間が過ぎて、公開研究会の日が来た。早朝、ふと気が付いてみると、授業中廊下に出歩く子どもは全く見当たらなくなっていた。森野先生から子どもたちの学力が向上していることがテストで判明したと報告

があった。そのことは関係団体の会長さんの方へも報告して褒められた、とのことであった。みんなで助け合って学ぶ授業によって学習参加の意欲が全体に向上し学力にも反映したのであろう。まだまだこれからだと思うけど一応の成果が出てホッとした。森野栄次郎先生はじめ甲良東小学校の先生方が私を信頼して授業改善に取り組まれたことが何よりもありがたかった。1980年頃になると私は自主協同学習を学級に定着させる指導法をある程度確立していた。現場との信頼関係さえできれば、なんとかいけそうだと思えるようになってきたのである。

6 佐川愛子先生と岩根小学校長 水野 清先生

「教育工学」という言葉が現れ、瞬時にして教育界を席巻した。アメリカではスプートニックショックで伝統的な教育が当時、痛烈な反省と批判を浴び始めていた。ソビエトに科学技術が10年以上後れをとっている。基礎学力の低下はJ.デューイの経験主義・問題解決学習のせいだとされ、教育論の全面的な見直しと現場の教育カリキュラムの変革が求められた。J. S. ブルーナーの発見学習論、心理学者のスキナーの学習理論が盛んに現場の授業論として翻訳され試みられた。その影響は日本の昭和40年代の教育にも反映された。教育工学はスキナーの学習論に基づくプログラム学習を機械化する試みであった。

CAIとかMAIとか呼ばれる装置を設置した学習室が滋賀県にも総合教育センターにでき、学習効果の実験が行われるようになった。大学にも教育工学センターができて実験が行われるようになった。教育界を上げて教育工学の学習効果を期待する時代を迎えた。

そのような中で私が主張している自主協同学習論では、学力づくりに対しては間接的アプローチであった。つまり、授業を競争的関係から協同・協力的関係に変革することで、子どもたちの授業への意欲を高めることで結果的に学力を高めようとする方法である。MAI（CAI）は、心理学的な学習メカニズムの特性をフルに生かして、直接的に学習効果を上げようとする。学習

プログラムはコンピューターによって制御されるというので、極端なことを考えれば、これが完成すれば教師は不要になるとまで言える。なにぶん新しい学習指導の仕方であり、それだけに教育界は大きな期待をかけた。自主協同学習論などはほとんど見向きもされなくなると思われた。

　滋賀大学教育学部附属中学校の副校長から岩根小学校長として転勤された高いご見識の持ち主水野　清先生にこれから教育工学一辺倒の教育界になるのでしょうか。自主協同学習論はもう現場では受け入れられなくなるのでしょうか。とふと漏らしたところ、そんなことはありませんよ、私のところの佐川愛子先生は、自主協同学習で成果を上げられ、中日教育賞を受賞されていますよ、とCAIとは違ったアプローチで確かな学力がついていることを縷々お教えいただいた。早速私は、晴嵐小学校長で滋賀県集団学習研究協議会（後に『個を生かし集団を育てる学習研究協議会』と改名）の会長である久保貞雄先生にお願いして、岩根小学校の佐川愛子先生の算数の授業をVTRに録画した。授業を拝見し録画をし後に授業変革の経緯やら、成果やらをインタビューで細かくお聞きして、感動すると同時に自主協同学習の開発、現場への導入に自信を回復できた。この時佐川先生や水野先生と出会えなかったならば、私はどうなっていたであろうか、自主協同学習論はどうなっていたであろうか。

　私との直接的な面識もなく、私が考えた通りの授業が行われている佐川学級において私は、佐川先生がどのようにしてここに到達されたのか、知りたいと思った。しかし今にしてもその経緯は定かではない。何となく、校長の水野先生のご指導の下で、このような授業ができていった、と言われるのである。水野先生と私の関係は滋賀大学附属中学校で研究授業に何度も呼ばれての関係があり、水野先生が私の考えや授業改善の方向について御存じであったことは疑う余地がない。しかし水野先生自体は寡黙の人であり、そのような経緯はほとんど話されなかった。中日新聞への推薦状の作成、それに向けての授業参観と若干の指導はあったようであるが、何も事細かく指示をされての授業づくりではなかったようであった。佐川先生がいろいろ考えな

がら行き着いたところが佐川流自主協同学習であった。私が佐川先生の授業を参観しすばらしさに感激して賞賛すると彼女は大変喜ばれた。自分でやっていてこれでよいのか、どのような理論的根拠がこの授業改善にあるのかなど、不明のままで不安を抱えながら進めてきたので、とのことであった。

　児童が算数の文章題を小集団で話し合って、それぞれの仕方で解決し、板書する。それを全体に説明し質疑応答が行われる。教師も質問したり説明をわかりやすくしたり確認をしたりという流れである。教師の役割は理解を定着させる上で重要であるが、授業の構造自体は児童中心の展開である。よく教科書や参考書にあるように、文章題の解き方が解説され、それによって応用問題を解いて、解法を定着させる、という伝統的なやり方とは違ってくる。「足し算でも解けるよ！」「かけ算の方が早い！」「表にしてもわかるよ！」「指で暗算もできるよ！」5年生の子どもたちはいろいろな解き方を発表する。小集団の話し合いの際に佐川先生は机間巡視を行い、違った解き方を見ておいて発表を促す。だから、全体発表はいろいろな解法が出てくる。こんなことしていたら授業の進度は遅れてしまうのではありませんか、心配して尋ねると、それどころか、11月頃になると教科書は全部済んでしまい、教材を作るのが大変です、という嘘のようなお話であった。ちょうど佐川学級の隣の教室の担任は、前年度卒業した滋賀大学の教育学教室出身の卒業生であったので、尋ねてみた。彼女は、

「佐川先生と同じ学年を担当すると大変です。差が付いてしまう。なにしろ、佐川学級では期末テストは、平均点98点、標準学力テストのようなものでも、佐川学級は学級の平均点が90点を超えてしまう。私のところは70点台と60点台なのに。」

と嘆いていた。

　自主協同学習は決して不自然な学習形態ではない。ずっと後になるが、岡山大学に転勤して、優れた実践家名授業者の笠原始先生の校長時代、公開研究会のお付き合いをした。研究指定3年目学校全体の授業が、次第に自主協同学習的になっていった。

「先生、どうしてこうなったのですか。」
と伺ったところ、理論家の笠原始先生としては、はっきりしない。
「みんな頑張ってくれた。何となく自然にこうなっていった。」
としか聴けなかった。私は、これは私が主張してきた自主協同学習ですよ、とは申しあげられなかったけれど、授業改善の究極は自然に自主協同学習になっていくのではないか、「自然にこうなる」のではないかと、確信を持った。

7　高知県　明坂守隆先生と旭小学校

　高知県高知市には忘れることのできない学校と忘れることのできない明坂守隆先生がおられる。明坂先生が校長として在職された複数の小学校で授業づくりのお手伝いをさせていただいた。まずもっとも印象深かったのは高知市立旭小学校であった。自主協同学習を導入したいという要望があり、校内研究会に参加した。第1年目は、授業の概要と導入の筋道を話したと思う。出版していた三巻本『講座　自主協同学習』（明治図書、1981年）を紹介しておいた。2年目に参観したとき驚いた。もうほとんどでき上がっているクラスがあった。担任の近森先生に、
「先生どちらでこのような授業の方法を習得されましたか」
と尋ねると、
「先生の本を読めばできるじゃないですか」
と何言っているの？といった感じで返された。本で理解するのが一番自主協同学習の授業はしっかり再現できることは、すでに、滋賀県の杉野中学校で経験済みであった。が、あとで明坂先生に確かめたところ、恐れ多くも私の本をみんなで徹底的に何度も何度も線を引きながら読み込んだとのことであった。ここでも私は、私のような若輩を信用してくださって、著書を読んでくださった明坂先生をはじめ旭小学校の先生方に心より感謝しなければならないと思った。と同時に、自分の授業論をもっともっと厳しく鍛え直さねばならないという思いを強くしたものである。こうなると授業を参観しての感想も本音で言うことができる。信頼関係の中で厳しいと思っても本音で指

摘ができるようになると授業改善は進むのである。

　明坂先生は何かの時に職員の皆さんを前にして私のことを、
「この高旗先生は、地味な人だ、わしが、わしが！と言わん方だ。」
と紹介されたことがあった。私は常に自分に自信がなかった。これでよかったのであろうか、こんなこと言って間違っていないだろうか、といつも心配で頭がいっぱいであった。わしが、わしが、どころではなかったのである。明坂先生のお言葉で、私は、この授業研究会ごと毎回の自己反省、自己点検する自分、自信が持てない自分を、それでよかったのだと、ホッとさせられたものである。

8　滋賀県　地村末相先生と今津中学校

　新しく今津中学校の研究主任を引き継がれた地村末相先生が校長先生と共にわが滋賀大学の研究室を訪ねられたのは、私が滋賀大学へ赴任して4年目、1973年3月であったと思う。その時の地村先生の声とお姿が脳裏から消えない。私は研究指定を取ることに反対したのに、転勤された前任者が申請し県の指定をとってしまった。猛反対した私がそれを引き継がねばならない羽目になっている。繰り返しおっしゃるこの言葉を私と校長先生とは、私の研究室で聞かされた。研究指定の研究発表を3年後に控えて、協力を依頼に来られた人たちとも思えない。しかし地村先生のお話を聞けば、お気持ちはわかる。でも今から県の指定を撤回することもできないから、やるしかないじゃないですか、できることは協力します、頑張りましょう、と言うしかなかった。

　1973年11月15日今津中学校へ出向き、授業改善研究の出発点として改善すべき方向の授業像を講演の形で提示した。その際の講演テーマは『「学び方」学習による学習の集団化』まだ若輩の私は、11枚程度の原稿を用意しての講演であった。当日、用心に少し早めに出て石山駅に着き、原稿が気になって鞄を見ると、ない。いくら探してもない。慌てて官舎を出るとき入れずに来たと直感して、折り返しバスで引き返した。机の上にあった。ひったくるようにして再度バスに乗り石山駅へ。この間1時間半はかかった。早く出てい

てよかった。原稿を忘れなければ 1 時間半遅く家を出てもよかったのだけれど。ともかく高島郡の今津中学校へは定刻に着くことができた。忘れられない思い出である。今見ると講演のタイトルもおかしい。当時、J. S. ブルーナーの「学習の仕方の学習」という考え方が流行していたのでそれに引っかけて、子どもたちによる授業の方法を身に付けさせれば、自主協同学習が盛り上がる。その筋道を話そうとしたのではあったが。私の講演を受けて、昭和47年12月11日研究主任の公開授業（国語科）をはじめとする多数が提示され、協議された。教科の試験的な取り組みが行われた。まな板の鯉になったつもりでやります。と言いながら、熱心に計画された授業が行われた。個-小集団-学級全体という3要素を取り入れた子どもたち寄りの授業であった。

最初に私の研究室で校長を前にして、自分は反対したのに前の研究主任が県の指定に応募したために自分がやらねばならなくなったと猛烈な不満を表明された地村先生という方が次第にわかってきた。先生は完全主義者であられた。適当にお茶を濁すことなどできない誠実な方であった。だから、研究の方向さえ見えない研究テーマに対してどう対処すべきか、頭に描けないままに、愚痴を言われたということがわかった。私の方向づけを理解されると、それに向かって邁進された。

県の指定の公開研究会の日を迎えた。岡山の勝央中学校からも複数の方が参加してくださった。私は、それを見て、講演の中で勝央中学校の学力テストの結果が大変地域の他校に比して高いことを話した。それを受けて、今津中学校の力石校長先生が、うちも同じような傾向にありますとデータを見せられた。この公開研究会で今津中学校の自主協同学習は終わることはなく定着していった。卒業生たちが進学した地域の高等学校で、小集団を作って自分たちで学習を進めようというような提案を生徒たちがして自主的に勉強を進めるものだから、先生方は驚いた。中学校ではどんな授業をしているのか、問い合わせが来たり、ついには先生方の中・高等学校との共同研究が始まったりした。その後他校に転勤された理科担当の松見茂先生は、お一人で、理科の授業だけであったが、自主協同学習の授業を展開されていた。お世話に

なった今津中学校と地村末相先生を忘れることはできない。

　また、その後、地村末相先生は朽木東小学校へ校長として転勤されるが、朽木東小学校でも自主協同学習を導入された。朽木東小学校は、僻地指定一級の少人数学校であったが自主協同学習の理念は複数の学習者、極端な場合は一人の児童生徒と教師とでも受け入れ可能である。とは言え、お隣のもっと規模の小さい朽木西小学校では受け入れようとする気運は盛り上がらなかった。

9　岡山県　高橋典男先生・井戸元雄校長先生と勝央中学校

　私の自主協同学習のバックボーンとなっているのは、大学院生の頃からお仲間に入れていただいている岡山県勝田郡（当時）の勝央中学校である。ここには大学時代からの友人高橋典男氏がいて、大学院の博士課程に進んでいた私に、授業に興味を持っているなら来てみないか、と誘われたのがそもそものきっかけであった。

　昭和30年代の半ばから後半にかけて、日本の中学校では校内暴力が多発していた。勝央中学校も例外ではなかった。英語と数学の先生を卒業式が終わったら校庭の用水に投げ込んでやるんだ、と相撲部のある生徒が言っているという噂が教員の耳に入った。教材研究をして、授業を一心にやったつもりなのになぜか。本人を呼んで理由を聞いてみようということになり、当時行われていた宿直当番の日に関係の教科担任が集まって、宿直室に本人を呼んだ。本人がやってきたので、
「一生懸命、君らのために授業をやってきたつもりなのに、良くない噂を聞くが、先生方を用水に投げ込むと言ったのは本当か」
と聞くと、「本当だ」と否定しない。彼の言に耳を傾けると、
「数学は初めからほとんどわからなかった。英語は、はじめのうちは付いていっていたが、次第に分からなくなってしまった。何もわからない1時間は長いです。それも、数学と英語の時間は多い。何も分からないで、毎回50分間座って過ごした僕たちの3年間を考えてみたことがあるのか。先生方は、

英語や数学がよくできたから、僕らの気持ちは分かっていないでしょう。」
この生徒に言われて先生たちはハッとした。若い純粋な人たちであった。

　他の学校ではこのような事態にどう対処しているのだろうか。先進校を探した。広島県の加茂川中学校の流れをくむ鳥取県の河北中学校が見つかった。早速、見学を申し込み３月の授業日を振り替えて、全員で授業参観に行った。加茂川中学校の自発協同学習を河北中学校は、取り入れながら、生徒の自発的協同的な学習参加を促す取り組みを進めていた。勝央中学校は、この授業理念で生徒たちの全員参加を進めてみようと考えた。

　昭和30年代の後半から自主協同学習の研究開発が始まった。私はそこに参加させていただいたのである。ここに高橋典男氏がいなかったら、そして、勝央中学校がこのような取り組みをやろうとしなかったなら、私の自主協同学習論はどうしても進展させなければならない授業実践形態とはならなかったかも知れない。学校の授業に参加できない子どもを一人でも作ってはならない、という強い信念を持った勝央中学校の先生方と共に歯に衣着せぬ議論ができた。悪いところがあれば言ってください、直す努力をします。私のような駆けだしの若輩の言に反発もされずに、受け止められて授業を修正される先生方の姿勢に、私は逆に緊張したものである。滅多なことは言えない。思い付きであやまったことを言っては失礼になる、という思いが私を緊張させた。

　昭和44年４月より、滋賀大学に転勤しても毎年、専攻科生を引率して勝央中学校を訪問した。私の教育社会学特講の授業中に自主協同学習のことを話しても信用されないので、それでは、現実の授業を見ようということで、勝央中学校を訪問した。それだけの成果はあった。勝央中学校の参観以後は、私が授業の中で、現行の一般的な一斉教授の授業を批判しても、
「授業はそんなに簡単に違った学習形態にできるものではないですよ」
などとそっぽを向くベテラン教師の専攻科生はいなくなった。

　ところが、今度は、訪問先の勝央中学校で問題が起こった。例年通り６月に中学校を専攻科生と一緒に訪問した。許可をあらかじめ高橋研究主任から

8章 自主協同学習の開発にかかわった人たち

いただいて行ったのであるが、校長室に挨拶に行ってみると、校長先生が新しくなっていた。挨拶もそこそこに、校長の方から言われたことは次のようなことであった。

「髙旗先生には、本校が自主協同学習とかをご指導いただいているようですが、私はこの授業形態に反対です。大体、教室に行ってみると生徒ばかりががやがや話し合いをし、教師は窓際に立ってそれを見ているばかりだ。教えることで給料をもらっている教師がこんなことでよいとは思わない。ところが、生徒の学業成績は良い。何校か近辺の中学校が同じ模擬テストをしているが、上位30番までにうちの生徒が15人も入っている。この成績でも落ちるようであれば、直ちにこの授業形態は止めさせます。」

私はこれだけはっきりと言われたことはなかった。しどろもどろで、
「生徒たちがあれだけ意欲的に授業に取り組んでいるのですから、学力が付かないはずはないですわねー。」
とやっと言った。

授業参観と、午後の教員と滋賀大学の専攻科生を交えての研究会は例年通り行われた。私は、帰りの電車の中で、来年度は、勝央中学校訪問はできないだろうと思い、やや困惑していた。1年が瞬く間に過ぎて次の年になり、ダメモトで、高橋研究主任に状況を尋ねた。高橋先生は開口一番、
「来ていいよ、是非来てください。校長はかわったぞ。」
と言った。私は、やっぱり、校長は代わったかと思い、
「あれではこの中学校とは合わないわなー。」と言うと、
「校長がかわったというのは職場を変わったのではなくて、自主協同学習に対する見方が変わったということだ。」
と信じられない説明がなされた。さらに、「校長は今や、周辺の中学校を訪問しても、自主協同でないとだめだ！と推奨して回っているぞ。」と。

私はまだ、著書はできていなく、明治図書の教育雑誌「授業研究」に時折執筆していた。その内容にはほとんど勝央中学校の実践が紹介してあった。その年、勝央中学校の校長室には、私の執筆した雑誌論文がいくつかコピー

され立てられていた。校長先生は井戸元雄先生というお名前だった。勝央中学校勤務2年目以降は教職員と共に一丸となって自主協同学習の実践開発に取り組まれた。本当にこの授業形態の意義を理解されていた校長先生のお一人であった。

　勝央中学校の先生方の実践への取り組みがなかったら、私の自主協同学習論は同級生の親友、故井川昌三君の言葉を借りれば「理屈だけの尻切れトンボ」に終わったかも知れない。「しっぽ」を着ける作業ができたのは、勝央中学校の実践こそが出発点である。

　勝央中学校の授業にはいろいろな思い出がある。ある授業で、吃音のひどいA君が、

「言わしてもらいます。」

と言って、自分の意見を表明した。参観者である私たちが笑いだしそうになるのを我慢したほどの吃音であった。ふと気が付くとクラスの誰も笑ったりしない。それどころか、直ちに他の生徒から、

「今のA君の言われたことはこちらにはさっぱりわかりません。もう一度言ってください。」

と注文をする。参観者もいるような場面で、A君はよく自分から進んで発言した。それを賞賛すべきであって、その言葉が聞き取れないから説明がわからないからもう一度言え、とは、どういうことだろう。A君はもう発言しないだろう、と思えた。ところがA君は再び、

「言わしてもらいます。」

と言って立ち、今度は落ち着いたのかゆっくりと説明ができた。他の生徒たちは容赦なかった。

「それは違うと思います。」

などと、否定的な他者の意見も堂々と出された。私は気づいた。このクラスではA君は吃音者ではないのだ。だから、容赦なく意見の内容によっては否定するし、わからなければ再度発言を要求するのだ。自主協同学習の授業は、自主協同の学習集団ができていなければ本物とはなりがたい。勝央中学校か

ら教えられたことは多い。

10 滋賀県 安江良太郎先生と皇子山中学校

　大津市を中心に滋賀県下で中学校に勤務された安江良太郎先生の実践には教えられるところが多かった。とりわけ印象に残っているのは、特別活動で校外学習が奈良の飛鳥山に決まった際の取り組みであった。行って何をするか。校外学習の目的を「奈良で歴史的な遺産に接し古代日本の文化に触れる」として教育委員会へ報告し何となく奈良見物をして昼食を食べて帰る、という従来のパターンに、安江先生は、メスを入れた。学級に編成されている各生活班で奈良に行って何がしたいか自由に考え計画せよ！ 何をするかは各班に任せる、十分相談してプランを練り学級に発表することにする。「奈良の都の歴史に触れる」というオーソドックスなテーマから、どうしても何をしてよいかわからないと四苦八苦する班まで千差万別であった。どうしても思い付かない２つの班から、「飛鳥山でマラソンをして身体を鍛える」と「飛鳥山の環境美化：ゴミ拾い」が出て、やっと直前になって全班の学習テーマが決定した。「飛鳥山の環境美化」グループは拾ったゴミを入れるビニール袋や手袋の用意が必要であった。それらも分担して揃えることが決まった。当日を迎え、安江学級では、奇妙な校外学習活動が実施された。

　帰学後、行われた反省会では、一番最後まで決まらなかった「環境美化：ゴミ拾い」グループの活動が高い評価を得た。生徒たちは、こんなにたくさんのゴミが落ちているとは思わなかった。拾って集めてみて驚いた、という報告がなされ、学級からは彼らの活動の成果が賞賛された。一人ひとりが課題をもって、校外学習に取り組むことで、学習効果は倍増する。そのための小集団での話し合い、役割分担の決定、協同活動の効果は大きい。大仏殿と鹿とを見て弁当をいただいて帰る従来の遠足とはひと味違う活動になった。

　もう一つの事例は、学級活動である。中学校も３年生になると進学のためのいろいろな受験機会が訪れる。私立高校、専門学校、公立高校などである。受験者の個性に合った学校を選んで受験は行われるのであるが、それは客観

的に見ると成績のランキングに沿った受験校の選択になる。私立、公立の進学有名校を選ぶ者とそうでない者とは自ずとランキングされて見られてしまう。

　技術者養成の専門学校は、試験の時期が一番早く行われた。
「今日はA君とB君とC君がいないがどうしたんだろう。」
と誰かが気づくと、かつては、
「専門学校の入試の日だよ。」
とひそひそとつぶやく者がいた。安江先生はこれをなくしようと考えた。生徒は、専門学校であろうとどこであろうと自分の個性と目的に合った学校を自信をもって選び受験する。それは恥ずかしがることではないし、ひそひそ陰口を言うような問題ではない。専門学校を受験する人が出ると、学級活動の時間に学級で合格を願って激励会のようなことを始めた。受験生は一人ひとり、学級会で、「行って頑張ってきます。」と挨拶をする。それに対して、みんなで「頑張って来いよ。」と励ます。このような会を設けることで、こそこそ受験に行く者も、ひそひそ陰でつぶやくような者もいなくなった。

　安江良太郎先生は、当然あるべき学級集団を作り上げた。自主協同学習が実践できるのは、学級の人間関係がこのようになっていなければならない。それは授業を通してももちろんできるが、学級文化の形成は特別活動の領域を無視することはできない。授業では自主協同活動ができていても学級生活の場では協同活動を強化する活動や態度ができていない場合も少なくないのである。

　安江良太郎先生の実践には他にも、ハッとさせられたアイデアがあった。小集団での協同学習の方法を子どもたちが身に付けるために、新潟の大竹敏夫先生は話し合いの仕方から入っていった。テープレコーダー（ラジカセ）をもってきて自分たちの話し合いを録音再生して善し悪しや改善点をみんなで考えるやり方である。安江先生の方は、学級担任が自分の専門外教科の練習問題を作り、各クラスで話し合って解決したり、わからない者を助けたり、学級活動で行う。そうして、各教科担任はどのクラスに行っても一定のトレー

ニングをしている生徒たちに、グループでの話し合いを指示し効率よく集団思考ができるようになることをねらった。自主協同学習論は一般論である。それを実践するためにはこのようなアイデアがなければならないのである。

11. 森口直政校長と松尾修先生：伊丹市立伊丹小学校

　研究室卒業生の横溝（旧姓久崎）ひとみさんから研究室で仕事中の私に電話がかかってきた。小学校の教職員に講演ができるか、という趣旨の電話であった。滋賀大学へ赴任して5年目の駆けだしの助教授であった。横溝さんは伊丹市立伊丹小学校に赴任していた。学校の方で研究指定を市教委からもらって、3年後には公開研究授業をすることになっていた。明治図書の『授業研究』の私の論文が目にとまったらしく、小学校の研究推進委員会で指導講師に名前が挙がったらしい。横溝さんは、卒論の指導は受けたが、あの若造の駆けだし助教授にそんなことができるかと不安であったらしい。大丈夫かと何回も念を押す。私は当時、毎週のように小中学校の現場の授業研究にかり出されてかなり経験を積んでおり、自分では、講演にも授業の研究にも一定の自信を持っていた。卒業生にナメられてはと、「大丈夫、経験はあるから」と引き受けることにした。

　直接の依頼に来られたのは、研究主任の松尾修先生であった。伊丹市立伊丹小学校は1500人の大小学校、教職員数だけでも約80人、新任が多く毎年10数名が転勤していく。研究主題は人権教育である。「経験があるから」と引き受けたが、このような条件では初めてであった。ただ、校内研究の研究推進組織は大変うまく設定されているようだった。学級－学団研究会（低中高学年団）－研究推進委員会－教科研究部－全校研究会というようなサブ研究会が組織されて相互に関連ができている。この中でリーダーシップを取るのは、研究推進委員会である。松尾先生は高い見識と決断力のある優れたリーダーであった。

　早速、第1回の校内授業研究会に出席した。講演をして、公開授業を参観しての研究協議。まずは、授業者からの講師への質問が行われた。4年生の

理科の授業であった。中学年団の研究会ということで実施された。私が受けた最初の質問は、
「子どもたちのほとんどが先回りして塾で教科書を勉強していて、授業することがありません。どうしたらよいでしょうか。」
であった。今まで多くの研究会で授業の研究協議に出たがこんな質問は初めてであった。私は一瞬詰まった。答えに窮した。そして、その担任の先生がやった授業の中で見られた子どもの、子どもらしいナチュラルな思考を例に挙げて授業のあり方を説明した。「空気は温めると膨張する」を証明する実験の仕方について考える、という理科の授業であった。いろいろな実験法が発表された中に、ゴム風船をローソクに掲げて温めるというのがあった。この実験をやればよほど気を付けないと風船は膨らむ前に、直ちにローソクの火によって焼かれてしまって、実験の目的は達成できないだろう。この発表を取り上げて、どこまではよいが、どこが間違っているか、考えるというのはどうか。塾で習った正解はそれはそれでよいが、その正解の意味を再考させることが授業でなされなければならない。東井義雄の『生きてはたらく学力』の中に、「三桁のかけ算」の授業が紹介されている。三桁同士のかけ算の場合は、一桁ずつずらしておかなければならないことは子どもたちは知っていたが、その理由までしっかりと理解していた者はいない。それを見抜いた東井義雄先生は、その理由を考えさせる授業を組織した。この事例で、授業というものが塾の正解教授とは異なることを説明したのであるが、理解されたかどうか。しかしその後も、公開研究会の日まで、私は、伊丹小学校の授業改善に参加した。昭和51年内容の濃い研究集録『一人ひとりを生かす自主協同学習』ができた。いつかの研究会の際に、森口直政校長先生は私に、
「先生の理論は容認・支援だけですか。」
と謎のような質問をぽつりとされた。私は、
「いや、容認・支援・自律です。」
ととっさに答えた。校長先生は、
「あ、自律が付くんですか、それで鬼に金棒です。」

と安心するように言われた。実践研究の過程でこのような考え抜かれた質問が出ると、授業は必ず前進するものである。

　この多人数の先生方をまとめて、授業改善を成功させた松尾修先生のリーダーシップに敬意を表する次第である。

9章　AGIL図式による新しい授業導入過程の整理

1　L次元（第1次）

　事前の理論的検討次元である。

　新しい授業に全校体制で変革しようとすれば、まず、新しい授業のイメージを教職員が共有する必要がある。

　自主協同学習の場合も、それを新たに取り入れようとし、授業変革のリーダーシップを取ろうとするクラス担任は、授業改革に手を付ける前に、新しい自主協同学習の授業像を描く必要がある。そのために文献にあたり、講演を聴き、外部指導者を決めたり、自分の学校や授業にとって最適なモデルを他校に探す。

　この文脈で私は現場と出会うことになる。私を現場が発見する糸口は、著書、教育雑誌の論文、行政からの推薦、講演会、口コミなどである。ある学校で、基礎学力を上げたい外部指導者を入れよう、ということになる。私の名が上がる。依頼してみようか、ということになり、電話なり、研究室訪問なりで、学校側の課題が話される。私は学校側の問題意識を聞き、なんとかご要望にお応えできそうだと思えば、それじゃ行ってみましょうかということになる。それから私は、正式の依頼を受けると学校に赴き、授業を参観して現状と課題とを認識し、これからの改善の方向を考え、午後の研究会で講演を行うことになる。その後、質疑応答が行われる。これで、新しい授業像の大まかな概念把握を終了する。

　遠距離の場合は年1度このような授業－研究協議が行われ、1年間の授業改善研究の成果が評価される。新しく生まれた課題の指摘とその克服が次年度の課題として明らかにされる。大体3年目くらいが公開研究発表会となる。3年目には、研究指定をした行政関係者を呼んで授業改善研究の成果を発表するわけであるから、驚くほど速いスピードである。

2　A次元

　新しい学習指導形態の導入の次元である。

　イメージづくりが校内で、各学年単位、教科単位で頻繁に行われる。今まで、一度も発言してくれなかった生徒が今日初めて発言してくれた、うれしかったです、と声をかけられて、先生のご努力の賜ですよ。などと廊下で出会い頭に声を掛け合ったこともあった。

　新しい授業のやり方を子どもたちに説明をし、少しずつ新しい形態の教師の役割と子どもたちの役割を定着させていく。

　導入−展開−終結をリードするのは教師から子どもたちに取って代わられる。学習係が前に出て授業を主導する。子どもたちは数名のグループになっている。各自が本時の課題についてやってきたことはまず、自分の所属するグループの話し合いで出し合う。グループで確かめた内容を発表係が全体発表用に板書する。全部の班が発表準備を終えると、学習係が各班の発表を促す。全体討議が始まる。教師も加わる。一応終わったところで、グループに返し、全員の理解や新たに生じた疑問について出し合う。再度全体への質問は子どもたちと教師によって解決される。最後は各自がノートを整理する。次時の課題が次の学習係より発表され授業は終了する。以上のようなアウトラインで授業が展開され始める。

　ノートの取り方、家庭学習の仕方、グループでの話し合い・集団思考のパターンの開発、など学校独自の開発の工夫が行われなければならない。他校の学習技術は参考にはなるけれども、学年学級文化、学校段階、子どもの発達段階などの微妙な違いが考慮されねばならない。理論的には同じことを話しておいても、学校の独自な学習形態が作り出される。

3　G次元

　G次元は、評価と実践過程の修正の位相である。

　A位相で導入された学習形態ではいろいろな問題が生じてくるであろう。学力、進度、全員参加の理念との関連問題、人間関係の改善、それらを測定

評価しながら修正を加えるには、2年間は必要であり、問題の修正に追われる日々が続く。測定用具（調査票、観察カテゴリーなど）の開発が求められる。これは研究者の方で準備すべきであろう（測定と評価については拙編著『教育実践の測定研究：授業づくり・学級づくりの評価』東洋館出版社、1999年を参照）。

4　I次元

I次元は自主協同学習形態の制度化の位相である。

学習形態としての制度化（institution）とは児童生徒が授業の進め方、個人学習の仕方などを身に付け、その方法を学級集団が共有できた、ということである。担任教師がいなくても、授業は子どもたちによって展開されるような状態である。ただし、授業の教材についての深い解釈は教師のリーダーシップなしでは不十分に終わることは言うまでもない。子どもたちをはるかに上回る教材理解が授業における集団思考を深め、授業の質を高めることになる。しかし、授業形態が制度化すると担任教師は授業の表面的なリーダーシップを後退させて問題はない。むしろ、監督的リーダーとして子どもたちの学習過程を見守る立場での授業介入になる。

5　L次元（第2次）

学習集団規範の制度化の次元である。

新しい学習形態が学級の文化として定着し共有されるとともにさらに優れた実践への理論的検討がなされ、次の段階のより完成度の高いものへと改善が検討される。ただし、この位相では、行為としての表出つまり実際の授業行為は行われず、表面的には休眠状態である。つまり今まで開発してきた自主協同学習形態の授業が、定着して日常的に安定して一定の学習指導形態が展開されている。他方で、教師の実践研究部会では、より進んだ授業実践への模索が理論的に行われているといった状況を指している。新しい実践手法が見つかり、理論的検討が終わると、それは新しい授業への改善改革として

次年度より授業実践に取り込まれることになる。第2のステップのAGIL図式の展開である。

　以上、自主協同学習形態の導入から完成までをパーソンズ・ベイルズの位相運動の図式をベースにして、思い出すままに、私のかかわった授業改善研究を振り返った（パーソンズ・ベイルズの位相運動論については詳しくは拙著『パーソンズの教育規範』アカデミア出版会、1996年を参照）。

3部　付論：大学の授業変革

10章　大学のアクティブ・ラーニングとしての自主協同学習

1　大学の授業改善：新しい授業形態の導入をめぐって

　私は主として小中学校の授業の自主協同化を手伝ってきた。それは成功したこともあるしうまくいかなかったこともある。私にとっては難しい作業であった。一斉教授を自主協同学習に変えるには、小中学校の場合は、まず、授業担当の先生方がこの学習形態を良きものとして認知しなければならない。そして一斉教授をなんとかして学習者中心にしなければならないと考えるようにならなければ、授業の形態など変えられるものではない。そこまで教職員室の空気が変容するには、相当の時間と諸条件が備わる必要がある。単なる理想主義では学校は動かない。普通ならよいので、苦労してしかも失敗したら取り返しの付かなくなる授業形態の変革など誰もやろうとはしないのが学校である。学校を非難しているのではない。

　私は2013年6月4日10時50分に脳梗塞を発症し右手が動かなくなった。慌てて救急車を呼んで病院に運んでもらった。9日間入院していろいろな検査の結果原因らしきものが判明した。左頸動脈にできたプラークから血栓が飛んで脳梗塞が起こった、という診断である。それでは治療法としてできることは、と尋ねると、血管のその部分の手術によるプラークの切除しかないとの説明である。しかし医師は直ちに手術とは言いださなかった。どうしますか、と患者の私に尋ねられた。私はいろいろ説明を求めて考えた結果、今の時点で手術をしたくはない旨述べた。ドクターのスタンスは、私も今手術をしなければならない必然性はなく、やらなくてもいいと思う、ということになった。このやりとりでわかったことは、手術しか助かる見込みがないとき、あるいは、絶対安全で手術は現状を確実に改善するという見通しがある場合に、医師は手術を決行するのだということだ。

　ほとんどすべての学校で学級で、展開されている普通一般の授業形態とい

える一斉教授の形態を自主協同学習の形態にやり替えるという決断は、医師が手術を決断するのと同じである。そのこと自体が命取りになる危険性を紙一重ではらんでいる行為をそれ以外の選択肢があるとき、誰が好き好んで決行するであろうか。よほどの理想主義に燃える人ででもない限り、あるいはその理想主義を管理者が支えるとかいう状況がない限り、一教師は取り組むことはしないのである。私が助けを求められたのは、校内問題が起こってにっちもさっちもいかなくなった学校ばかりである。基礎学力の低下問題、校内問題行動の多発、授業の不成立、学級の荒れ、など、教師が考えられるあらゆる手段に訴えても問題の解決ができなかった際に、最後の砦として自主協同学習を、ということになる。失敗しても誰も文句を言わない状況である。あるいは、失敗しても現状と変わらない、失敗してももともとのような状況の中で、自主協同の授業形態への変革は決行された。

　それではなぜ大学で自主協同学習なのか。私は約40年間国立大学で授業をしてきた。大学の授業は完全に自分の授業である。教材は自分で編集した教科書で行うし、100分ないし90分を15回毎週1回の割で展開すればよい。そのような中で2度、自主協同学習を試みたことがある。第1回目は滋賀大学時代の教育社会学の授業であり、第2回目は岡山大学の教育学入門であった。最後の授業時間に行う定期試験の際に無記名で授業評価を自由記述させると優秀な女子の学生からは、この学習形態は人気がない。むしろ強烈な批判が向けられることがあった。講義を聴こうと思って出席しているのに自分たちに発表や質問をやらせるのはいかがなものか、ちゃんと講義をしてください。あなたは本まで執筆しているのだから講義ができるでしょう、横着しなさんな、というような趣旨のクレームである。しかし、この授業に主体的に参加しこの形態の授業でなければ得られない力を付けた男子学生についても印象に残っている。

　国立大学の場合私が勤めていた時代には、講義はまじめに聞いてくれていたし授業形態を変える必要性などは感じたことはない。ところが、国立大学を退官後着任した私立大学では、一方的な講義式の授業は通用しなかった。

大学で行われていた「FD」というものの必要性が初めて明瞭になった。今まで通りのやり方では、授業は成立しないのだ。テレビを使っても、映像づけになっている世代である。すでに珍しさはない。私語の渦の中でむなしく静かにせよを繰り返しながら話す90分は長い。聞いていない人たちを前に話す講義者のむなしさは経験した者でないとわからない。大学が社会的責任を果たし、収容した学生に一定の知識や観念を与えることができるようになるためには、伝統的な授業では、現在のこのような大学生たちには対処できない。授業崩壊が大学（あえて大学一般においてではなく私の講義でと言っておこう）で起こっているのだ。大学の授業をなんとかしなければならないこのような状況の中で、私の、大学授業での第3度目の授業変革は始まった。

　小中学校の授業改善に比べて、大学の方はやりやすい面がある。学生も大人なので授業の方法を説明するとすんなりわかってくれる。その通りに、少し工夫をしながら実践に移していく。さすがだと思う。その上、なんといっても、授業は私の授業なので、小中学校のように、こんな授業をやりたくもない、あるいは少しは興味はあるが勇気がない授業担当者を説得する必要がない。

　まず、新しい授業の進め方・あり方を書いたプリントを配布する。しかしこれは細かく読んで説明するようなことはしない。口頭で授業の進め方を簡単に説明する。受講生数を10班前後で割って同一人数の班をつくる。受講生数にもよるが一つの班の人数が5〜10人となる。できれば5人くらいがよい。出席簿順に5〜10人の班をつくり、役割を配分する。1班：司会係、2班：発表係、3班：まとめの係、4班以下は全体で質問係となる。以後13回ほどの授業は、各時間4つの係を順に回して全員がすべての係を体験できるようにする。このあたりの細かな説明はしない。大学生は、ありがたいことに自分たちで頭を働かせて対応してくれる。学生はこちらで考えて説明するより自分たちで考えて臨機応変に対応するのを好む。たとえば、発表係はチャイムが鳴って教室に来ていたら授業が始まるのが遅れて進まないことがわかると早くから教室に来て、発表準備に取りかかっている。こんなことは先に

指示などするとむしろ反発を受けるだろう。自分たちの判断でやり始めたのを、授業の終了時に支持賞揚すると、これでよかったのだということを再認識して、他の班も発表準備に時間前から着手するようになる。

　定期試験の際、教室が変わることがある。事務部から指定された教室に行ってみると学生があふれている。どう並んでもらうかちょっと思案していると、「先生、出席順に並びますか」と声がかかる。「そうできればいいんだが…」と言いかけると、3人ほどが前に出て、みるみるうちに黒板に1〜9、10〜19、…とチョークで10列ほど作ってくれた。「黒板の順に着席してください」と声をかけると、ぞろぞろと烏合の衆が動きだし、着席する。これも自主協同学習の効果である。私は何もやらなくてよい。

　テスト時間が終わり答案の回収は黒板に書いた順に10枚ずつ重ねて提出されている。それを集めて順番を確かめたり入れ替えていると、「手伝いましょうか」とやって来て整理してくれる。答案用紙の回答はいかにあろうと、「優」を付けたい気持ちになる。自主協同学習など経験がなくとも、これくらいのことは大学生であればできるかも知れない。しかし私は講義式の授業をやったあとの試験の際に、このような経験はほとんどない。こちらが全部詳細に指示しなければ、出席順の席に着けないし、答案用紙の整理を言わなければ手伝わない。

　自主協同学習の導入に話を戻そう。一方的に班を決めて、授業の方法も伝授してしまうのでは自主協同学習とは言えないのではないか。まさしく学習者の自主性に任せているわけではない。全部、指導者の意のままに授業を組織しているではないか、といわれるであろう。近年の日本の大学では、90分講義を15回行うことで2単位を与えることになっていた。私の担当した教育方法学の講義の内容は、私の執筆したテキストで約30頁ほどを講義するだけである。教育すべき内容は無限にあるが定められた時間内ではこれくらい（30頁）ほどしか進めることができないのだ。そのような置かれた条件の下で学生が自主的に授業を工夫せよと丸投げすることはできない。小中学校のように学級のホームルームがあるわけではない。そこで授業のことを事細かく取

10章 大学のアクティブ・ラーニングとしての自主協同学習

り決めたり指導することはできない。いろいろな専攻の学生が教育方法学ということではじめて集合した講義のクラスである。私はここで、行うことのできる方法として自主協同学習の形式を与えて、学習内容をこなしながら自主性を高め独創性を出していくことをねらった。教育の理念や哲学からではなく、また学習者の自発的な動機からではなく、小中学校の先生方が一番嫌いな「形式から入る」をやらざるを得なかった。今でも私はこの方法しかないと思っている。

　かつて、耳にした話であるが、某大学の心理学の授業を担当されたカウンセリングの教授（友田不二夫氏）は違ったアプローチをされたということである。始業のチャイムで講義室へ出ると多くの学生が集まり、わいわいがやがややっている。先生は講義室の前に椅子を置いてそこに着席し一言も発言しないで、そのままの状態にしている。
「これから講義を始めます。静かにしなさい。」
などという一般の講義とは違うやり方である。何分経ってもそのままの状態が続くので学生たちは、何のことかわからず三々五々教室から出ていき始める。
「授業やらないのか。ヘンなやつだ。」
などとつぶやきながら。200人以上集まっていた教室からほとんどの学生が消えて数名の学生が粘り強く教室に居残り、教授の反応を待つ。
　30分以上が経過して、数名の学生のみが残ったあたりで、教授が立ち上がり、
「ゴミが大体吹き飛んで片づいたので、授業を始めるか。」
とやおら講義を始める。1970年代の話である。ノン・ディレクティブ　カウンセリングの理論に立った大学授業だそうである。このような授業は今は行われていないし、行うことができる社会情勢ではない。教職専門科目として受講希望者が200人いれば、その中で他ならぬこの教授のこの講義を本質的に受講したいと希望する者は5名かも知れない。しかし現代では、受講したいと教室に来たすべての学生が興味と関心を持って受講し、講義がめざす教

育目標に到達するよう講義を工夫することが期待されている。本質的受講者のみを講義の対象とするというようなことは許されないのだ。

　40年前と大学のよって立つ状況は豹変している。やっと大学が正常になった、と言えるのか、すでに大学ではなくなったと言うべきなのか、よって立つ視点によって評価は異なる。現在の大学は受講生全員に学習への意欲を持つように仕向け15回の講義を全員に受講させなければならない。そのために、毎時出席を厳密にチェックし講義担当者の都合で休講にすれば必ず補講を行う。学生が教育実習や学内行事への参加で全員が欠席するような場合は、講義担当者の責任において補講をしなければならない。私が過ごした最終期の大学は、このようであり、全員参加の授業という目標に導く講義形態の創造が求められる現代の大学であった。そこでは、学生の意欲を高め講義への主体的参加をクリエイトする講義形態としての自主協同学習への移行は正当化される。その自主協同学習は、先に示した形式主義による導入を見れば、ある意味では偽物の自主協同学習であり、教育の本質に反する授業改革であったと言えるかも知れない。しかし、それこそが現代の大学教育の本質であるとも言える。

　かなり多くの現代の私立大学では、定員割れを起こしている。定員の70％割れを起こすと文部科学省から警告が行われる。私学助成金が危うくなる。それを恐れるあまり、定員確保のためにはAO入試、自己推薦、校長推薦、スポーツ推薦、一般入試など何度も入試を繰り返し、定員に近づける努力をする。その結果定員の30％増の応募者があってもすべて合格させる。このようにして入学した学生たちは、大学のレベルの講義には向かない場合が多い。難しい一般入試に合格して入学した学生たちで構成された講義室では、大学の一般教養の講義などばかばかしくて受けられない、易しすぎる、という評価もある。それとは逆に、

「先生筆記体は習っていません。活字体で書いてください。」
つい黒板に単語を筆記体で書こうものなら、こんな注文が飛ぶ。
「すみません。」

と言って講義担当者は活字体にする。15年前であれば、
「筆記体くらい勉強してきなさい。それでも高等学校を卒業した大学生か。恥ずかしいと思わないのか。」
位のことは言えた。今は口にできないで謝って、こちらが字体を変えるのである。講話と板書と幾ばくかの質疑応答で構成されたかつての大学の講義は、今、いくつかの大学では通用しない。でも、そういう大学の学生も「もっと頭が良くなりたい。」「学問ができるようになりたい。」という自己改造への期待は大学に対して大きい。「先生、私もっと頭が良くなりたい。」授業中に直に口にする学生さえいる。それならまじめに講義を聴いて勉強しなさい、といってもそれは難しい。それとこれとは次元の違う問題なのである。講義を聴かないのではなく聴けないのである。その識別ができるようになるのに数年はかかる。その事実を厳粛に受け止め、受け入れるところから大学の新しい授業への取り組みが本格的に行われうるのである。

　昔、勉強がわからないのは自分が勉強しないからだと思っていた。自分の頭が良くないからなので、予習をもっとし復習をもっと積むことでなんとか対処しようと私たちの時代の学生たちは努力した。現代の学生は、講義がわからないのは教師の教え方が悪く、教科書のできが良くないからだ、教師はもっと努力せよ、といわんばかりである。大学は、入学試験をやって、合格させたはずである。他ならぬその学生がわからない講義をしているのは、やはり合格通知を出した大学の無責任といわねばならない、ということだ。だから、教員（大学）はそれを受け入れて、わかる授業、参加できる授業、楽しい授業への改善に努力せざるを得ないのである。その事態を受け入れることができないのが元国立大学で長年過ごした教授たちである。第2の人生をも、「昔の自分で出ている」と、居場所を失うことになる。

　授業は対象に応じて変えなければならない。しかし、今まで考えたこともない、見たこともない、対象に対する講義形態などそう易々と思い付くはずはないのだ。逆説的ではあるが、このような大学から新たな日本の高等教育の授業の新しい姿が生まれるかも知れない。FDがもっとも必要に迫られて

いる大学から、逃げ場を失った教員たちによって、従来型の授業を変形する工夫が生まれるに相違ない。もしそれができないようであれば、近い将来において、このような大学は姿を変えざるを得ないであろう。オーストラリアのTAFE（Technical and Future Education）のような、大学とは違う高等教育機関といわゆる大学（University）とが別の教育機関として、制度的に区別されることでなければならない。制度の問題はここではさておき、現状における大学授業の改造を今少し探ってみることにしよう。

　その前提は、大学に入ったのであるから、今までとは違って、私も勉強ができるようにしてもらいたい、と切に願っている大学生たちの期待にどう答えていくか。答えていけるのであろうか。もしこの道が発見できなければ、大学の存立基盤は揺らぐ。4年間の高い授業料に見合う教育機関ではなくしてレジャーランドとなってしまえば、大学の社会的機能はかなりの部分失われるであろう。大学が生き残るためには授業改善しかない。

　昭和31年、岡山大学教育学部に入学して受けた体育の授業でYという講師（当時）から聞いた話を未だに記憶している。教養の授業を両足を切断した学生が受講しにやって来た。Y先生は、見るなり、「君休んでいていいよ。」と好意のつもりで言った。ところがその学生は、先生、大学に来たら何かスポーツをやらしていただけると思って楽しみにしていたのです。是非よろしくお願いします、と言われて、Y先生は休んでいても単位をあげようというのは、この学生に対して好意ではないのだということにはじめて気づいた。そこで、とりあえず、卓球をやろうということになって、先生自身がお相手をした、という話であった。障害者スポーツなど全く盛んではなかった昭和30年代のはじめのことである。障害者用のスポーツ用具も何もない時代、授業担当者の好意だけが障害を持つ人の教養課程の体育授業を可能にしたのである。私はこの話を忘れることはできなかった。教育学部を出て教師になることをめざしていたので子どもたちを教えるということとかかわるあらゆる事象を胸に刻み込もうとしていた。私の中には、できない者、わからない者ができるようになることが最優先されることこそが教育指導である、という

教育観がほとんど無意識にでき上がりつつあった。指導教官の居村教授（当時助教授）に障害者教育に進もうかとふと話したことがある。深い考えや信念があってのことではなく、ふわっとそんな気持ちになったのである。居村先生は、「君は向かないだろう。」とお見通しであった。今にして思えば、せっかちで気の短い私などにできることではなかった。しかし、できない者、わからない者の視点から教育指導を考えるという教育理念は、持ち続けることができたように思う。

このような教育理念を所有する私が大学の教授として生きがいを見出すことができたのは、大学入学選抜に無試験、推薦入学が多用されるような時代が来て、そのような大学に、多くの大学教授が第2の人生を生きる機会が生じたことである。

今や、有名国立大学においてもFDが行われている。学生が講義を熱心には聞かない時代が到来したのである。大学は高度に発達した学問体系を研究者としての教授から優れた能力を有する学生たちに伝達するための組織として発達してきた。そこでは、次世代の研究者を養成することを主眼としてカリキュラムは編成された。学生については、大学で学習した学問は直接間接学生の将来を決定する上で大きく機能した。だから、一般的には、教室での教授の講義はまじめに聴講された。昭和30年代の大学では音響装置は稚拙で聞き取りづらく、できるだけ黒板に近い前の座席は取り合いになった。熱心な一群の学生が最前席に自分の鞄を置いて自分の席をキープするのが教室の風景であった。私語をしたり、居眠りをしたい者は後ろの方とか両サイドの教授の視角から外れる席を選ぶ。講義など聴きたくもない者は講義を休み試験だけ受けに来た。出席など大講義室の場合はほとんど取らなかったから平気で学生は欠席した。他方教授の方は、出席で受験資格を問い学生を脅すような者は講義に魅力がないからだ、厳密な出席で学生を集めようとするのは講義に自信がないからだというような暗黙の評価があった。出席した学生群は、自分の好みから席を棲み分けたのである。

それが現在の大学では、AOや推薦によるほとんど無試験状態で入学させ

た学生に対して、大学の社会的責任を果たすために、授業を全員に受講させる必要を感じ、義務教育学校と同じような教育システムを敷くことになった。15回出欠をとり定期考査を行う、ということは教授の側においても15回の講義を行うという前提ができた。教授の都合での休講はもちろんのこと大学や振替休日や学生のカリキュラム上の学外での実習などとの競合による休講でも、15回を確保するために補講を必ず行う。昔と比べると窮屈になった。これは認可した文部科学省や厚生労働省の方針でもある。規制を厳しくしておかないと大学は教育機関として機能しなくなるという危機感がそうさせている。そうなると講義のうまくない、学生を引き付けることのできない教科、たとえば資格条件で必修卒業単位にしている講義の場合などは、このような制度の下ではしわ寄せは教授の方にやって来る。

　授業崩壊という言葉が小中学校の教室から生まれているが、大学においても負けず劣らず講義崩壊は多発しているのではないか。FDが盛んになっているのはそのためである。大学の教員になるためには、今のところ教育実習はない。学問の体系の説明や自分の研究成果を学生が聞いてくれなくなった教授は路頭に迷う。その上、大学管理者は学生による授業評価を行う。無記名のアンケートに学生は、自由に授業の悪口を書きまくる。自由記述欄には最後に「おまえのような教授はやめて欲しい」と書かれたりする。プライドを傷付けられてやめていった非常勤の講師もいる。今や、学生の気に入る授業を展開することは大学の教授にとって避けて通れない。そのためには、授業の研究開発FD（faculty development）は、参加せざるを得ない学内行事となった。

　しかし、授業というのは、ただ学生がその時間静かにあるいは賑やかに聞いてくれればよいといったものではない。それが漫才だったり落語だったりした場合は多くの学生は興味を持つかも知れないが、当該学部がめざす教育目標やカリキュラムとの整合性がなければならず、話やパフォーマンスの内容が何であってもよいというのではない。それが大学学部の教育の目的のためにプラスの機能を果たしていなければ授業の存在理由はなくなる。社会的

に見てその大学学部が意味のある教育をしているかどうか、そこで教育された学生が社会に出て有用な資質を持っているかどうか、などが常に問われている。社会的な要求と入学してきた学生の資質とを勘案しながらカリキュラムを作り、授業を作っていかなければならない。その際、大学本来の理念や本質と照らし合わせて、私の所属する大学は何であり、何ができるかを問い、大学設置基準や学校教育法の高等教育・大学についての記述を読み直して現実に合うように再解釈する必要が、今や生じている。

下手すると大学はレジャーランド化する。一部治外法権、規制も緩く、授業も適当でよいとなると社会の側からすると大学不要論が出てきて当然である。しかしそのような中でそのようであっても大学の社会的機能を認める向きもある。今高校・大学をなくして若者たちを社会に出してしまったら、職業に就くこともできない多くの若者はどのような群衆行動を取るであろうか。おそらくは今よりはもっと良くない社会犯罪や社会問題が多発するにちがいない。高等学校や大学は同一学年層の多くを収容することでそのような社会問題をコントロールすることができているのだ。消極的ではあるが、現状においても現代日本の後期中等教育・高等教育機関はかなり有効な社会的コントロールの機能を果たしていると言えるのだ、と。

まじめに大学学部の教育目的達成を考える教員は、この消極的社会的機能に満足することなく、より効果的な、授業への改善に必死に取り組んでいるのだ。私の大学授業の改革に関する2本の論文（髙旗正人「自主協同学習による大学授業の改革」中国学園大学紀要第9号、2010年6月、93～107頁、または髙旗正人『論集　授業の社会学と自主協同学習』ふくろう出版、2011年、119～145頁。髙旗正人「非教員用養成系大学学部におけるワークショップ型教職授業の展開－自主協同学習論による」日本協同教育学会編『協同と教育』第7巻、2011年、24～34頁）を読み、また公開した私の授業を参観されていろいろな感想をいただいた。ささやかな試みに対して驚くほどの反響があった、と私は感じている。80歳を超える非常勤の方から、本を読ませていただいて、やってみるとある程度授業がうまくいくようになりました、

若い講師の方からも「高旗式」と銘打った学習ノートのようなプリントをいただき、「使わせていただいています、少し授業が改善されたようです」と声をかけられたり、である。

2　負担のかかる授業形態

　大学の講義で自主協同学習が成立するためには、教師も学生も変わらなければならない。どちらにも負担のかかる授業改革である。一斉教授で事足りるならば、できることならそうしたい。しかし、教材提示のいかなる工夫も効果なく、講義式の授業がもはや成立しないとなると、悲しいかな現代の大学教員は、手がかかっても他の授業形態を選択してしまうのである。現在は、それほど大学教員にとって大変な時代である。昭和30年代、私の学生時代くらいまでは、学生自身が、講義が理解できないのは、自分の勉強不足であると考えていた。講義担当者もそう考えていた。大学の講義が難しいのは当然でありそれを克服してこそ大学に来た意味があると考え、関連する文献を予習したり復習したりすることで、難解な講義に対応してきたのである。今は違う。時代は変わったのである。講義がわからないのは講義担当者の準備不足であり、学生の放課後は、①アルバイト、②遊び、③勉強という優先順位になる。③が選ばれることはまれである。

　その学生たちが各授業にどのように反応しているかは、学生に書かせる無記名授業アンケートの集計から大学管理者には手に取るようにわかる。アンケート結果は、昇任、採用継続、退職勧告など人事を決める際の決定要因となる。その意味で授業者にとって、学生が授業に対してどのように反応するかは、まさに死活問題である。大学管理者にとっても授業に満足感が得られない学生が多いとなると、直接間接に学生募集に影響が出る。魅力ある授業満載であればそれとなく母校に帰って学生たちは意識的無意識的にそのような情報を後輩たちに伝達するであろう。逆に、授業に魅力がなければ、ストレートにその事実は母校の高校生に広まる。そのような意味においても大学の授業は大学にとって重大な意味を持つ。今や多くの大学が大学の本質を「研

究と教育」ではなく「教育と研究」と認識している。「研究と教育」でやって来た教員たちが文教政策の転換で強制されて「教育と研究」か、と思うようになっている。アクティブ・ラーニングというような授業形態の転換の研究開発はこのような教えること重視の大学の現代的背景を基礎に展開されている。

3　自主協同学習導入の積極面

　大学における自主協同学習導入の消極的な面を述べてきたが、導入の積極的な意義もある。自主協同学習導入の積極的意義は一般的な意義と限定的な意義とがある。一般的な意義としては、子どもたちが各成長段階で遭遇するあらゆる課題を解決して住みやすい世界を作っていく生き方を身に付けることである。大学生の社会化（Socialization）にとってもこのことは、現代において重要視されねばならない。たとえば、現在、子どもの世界で問題となっている「いじめ」は、小学校段階から高等学校段階まで広がっている。かつての生活綴り方教育運動の中でも行われたように、自主協同学習の授業が行われているところでは、このような問題はまず学級の問題として学級活動の授業時間に取り上げられる。子どもたちの世界でも「一人の悲しみをみんなの悲しみに、一人の喜びをみんなの喜びに！」の標語の下で、「いじめ」解決の手立てが、学級で集団思考される。先生の意見も聞く。授業に付いていけない子をどうするか。始業時刻に遅れてくる子をどうするか。等々、学級の問題をみんなで考え自分のこととして解決していこうとする子どもたちの育成は、これからの日本にとって必要欠くべからざる教育課題である。

　私の担当した教職科目の講義について考える。教育実習を目前にしている教職科目履修の学生には、解決しなければならない課題は山積しているが、教育実践のトレーニングとして自主協同学習形態を教育方法学の講義に導入した。

　一般大学の教職科目は形ばかりの講義で終わることが珍しくない。その講義を聴いて実習に出ても子どもの前に立って教授行動として行うのは、自分

が遙か昔、小中学生の頃に受けた授業の記憶に頼るのみである。国立の教員養成系大学・学部の附属学校は、教育実習の際に、初めて教師の立場で授業を計画し展開するような学生を教師として受け入れる準備が、ある程度できてはいる。しかし、一般協力校はそうではない。一般大学の学生の場合は教育実習が義務化されてはいないその学生の母校にお願いして教育実習を行う。初めての授業、その授業を初めて指導する学級・教科担任、初めての教生先生の授業を受ける子どもたちにとってまた、その教生の行う授業の内容は、その時1回きりである。まずは、その授業をもう一度担任によってやり直しされることは不可能に近い。子どもたちにとっても学級担任にとっても、子どもたちの保護者にとっても、教育実習生は迷惑な存在かも知れない。将来の良い教師の養成という目的のために協力しているのである。

　教室に入っていく教生はできる限り教師としての資質を高めておく必要がある。したがって、4年制大学の場合は教員2種免許程度の教職科目の履修ができていることが、実習の前提条件とされる場合が多い。しかし実習に行っていない2種程度の教職科目では、教師としてのリーダーシップ行動は、遠い昔の小中学校時代の子どもの側からの体験しかない。学生は時代によって教科主義の授業を体験したり、ゆとり教育や生活中心の授業を体験している。学生の体験によって教師リーダーシップ行動は違ってくる。とりわけ、授業形態については体験が異なるとかなり違った授業になる。それこそは教育実習で指導され矯正される重要なポイントである。教職科目を履修している学生の中で子ども時代にほとんど司会・進行、発表・質問・応答など授業中に体験していない者がいる。これらは教師リーダー行動の中心的な部分であり、そのトレーニングは大学で行っておく必要がある。子ども時代に体験してみて、これは自分に向かないと、教師以外に進路を求めた者はよい。体験がほとんどなく、教師にあこがれた場合、大学で少なくとも最小限の教師としてのリーダーシップ行動を体験しておく必要がある。実習先の学校では、教師を志望する学生は教師としてのリーダーシップ行動は得意なので教師を志望したのだと見なされるであろう。

教育実習を引き受けた普通一般の小中学校から大学に寄せられるクレームの多くは、大学による教師行動一般の指導不足である。クレームを受けた大学の方では、それを指導していただくために教育実習に出しているのでよろしくと押し返す。ここには現場と大学との認識のギャップがある。現場から見た多くの学生の実習態度には教師の立場から、授業を考え、子どもたちを見る、という基本姿勢が全く見られないということだ。質問・指導・発表の経験がないか、あっても人前でそのようなことをするのが得意ではないが、教職の免許状だけは取っておきたいというような場合がある。大学の教職科目の授業の中でこのような学生を指導矯正せよというのである。そのためには、教職の授業中に教師としての活動を体験させるしかない。授業担当者が一方的な講義を行い、学生はそれを聴いて筆答試験を受けて合格をもらってよしとするのでは不十分である。ここに、教職授業の自主協同化の積極的な意味がある。

　アクティブ・ラーニングを自主協同学習の方式で行うことは、教職のリーダーシップ行動を学習するという潜在的機能がある。大学の授業における学生の社会化は後期青年期の重要な社会参加への社会化を促進すると言えるであろう。

11章　非教員養成系大学・学部におけるワークショップ型教職授業の開発：自主協同学習論による

　研究の結果得られた知見や研究方法の伝達機関として高等教育機関は発達してきた。したがって、もっとも効率のよい伝達方法として講義という一斉教授方式が採用されることは必然の理と言わねばならない。しかし、こと教職科目に関しては、2つの授業目標を掲げるべきである。それらは、教職に関する知識、技術、観念の伝達と教師リーダーシップ行動の体得である。本ワークショップ型教職授業の開発は、そのような2つの目標を同時に達成するための授業過程改革である。学生中心の授業形態の一種である自主協同学習は、意図的に教師のリーダーシップを学習者側に委譲し、学習者が学習集団のリーダーシップを取ることで、自ら教師としてのリーダー行動様式を体得させようとするものである。本章では、そのような授業過程の開発を構想する。

問題の所在

　教員養成の課程を有する教員養成系でない大学学部では、免許状の要求する所定の教職科目を開講し学生に習得させることによって教員養成の責務を果たしてきた。近年、大都市圏では小学校教員の採用が増加傾向にあり、多くの関係学部で小学校教員養成の課程を設置する動きがある。子ども学部、子ども教育学部、子ども発達学科、初等教育学科などでは軒並みに小学校教員の養成課程が設けられている。

　教員養成の課程を構成する教育原理をはじめとする教職専門科目、教科専門科目を合わせると小学校教諭1種免許状の取得のためには、60単位程度の単位数を取得する必要があるが、それらは講義形態の授業が多い。学生の側からすると受動的に教職専門の知識や観念を伝達される形態である。

学生は、教育実習に臨んでは、教壇に立って説明、読み、子どもに質問し、指名し、子どもからの質問に答えねばならない。そのような授業のリーダーシップ行動を大学の授業の過程で、体験できるようにすることが本授業開発のねらいである。

教職専門科目は、講義の主旨からして、教師としての態度育成と知識技能教授を一つの授業過程の2側面として統合・展開することが望まれる。教職科目としての内容をたとえば教育方法学、教育社会学、教育基礎論（教育原理）、特別活動論など、それぞれの内容が学習できる授業でなければならない、と同時に教職としての教師行動の習得が同時相即的になされねばならない。このような授業形態は、いかにして実現可能であるか。以下、小学校教員養成の課程の授業に焦点を当てながらワークショップ型教職授業の開発について考察を進めたい。

1 自主協同学習論による大学講義の開発
1）授業のリーダーシップ行動と教師

授業過程のリーダーシップは、教師によらず生徒・学生によって展開可能である。課題解決集団（task performance group）において、リーダーとは、課題遂行と集団維持という集団の二大機能に対してもっとも大きな影響を及ぼす行動を当該集団の中で行う人物と定義される。それは、個人によってなされる場合もあるし複数のメンバーであることもある。

Ober, R. の授業過程分析10のカテゴリー（Reciprocal Category System）では、教師行動と生徒行動とは同一のカテゴリーで分類される（Ober & others, 1971）。普通一般に行われている教師中心の一斉教授（小中学校の場合）では、教師発言は量的にも学習者発言よりも多く、授業過程への影響は大である。したがって、教師が授業の集団過程のリーダーシップをとっていると言える。ところが、自主協同学習という学習形態では、むしろ生徒の発言量は教師発言を上回っており、生徒がリーダーシップをとっている集団過程であることが明らかである（北村、1981）。教職ワークショップ型の授業は、

この自主協同学習の形態を大学授業に導入し、学生の授業への参加度を拡大することによって、教師としての行動様式を体験を通して習得する機会を拡大しようとするものである。伝統的な、教職の授業は、知識として教授法や教育の指導原理を教授することは行ってきたが、それを実践するのは、教育実習期間であった。

　ここでいうワークショップ型教職授業は、模擬授業ではない。学生が教師役と子ども役に分かれて行う小学校の模擬授業は、マイクロティーチングとも呼ばれ、教育実習の事前指導などで採用されることがある。教職ワークショップ型授業は、大学の講義内容を学生が自ら学ぶのである。小学校の教材ではなく、大学の教職科目の内容を聴講学生が主体となって自ら学ぶ、それを担当教員がサポートするという関係を授業の中に構築する。そのことによって、教職科目の内容としての知識や技能、態度を学習すると共に、教師としての行動様式をも習得させようというものである。

2）授業過程の構造と機能

　アメリカの小集団研究はすでに、1950年代にベイルズらが、課題遂行的集団の2つの機能の存在を定式化している（Bales, 1950）。それらは課題遂行機能と集団維持機能と呼ばれている。この中で、集団維持機能は小集団研究においては、まさしく集団の維持として捉えられた。しかし、教育社会学とりわけ「学級の社会学」や「授業の社会学」の分析によれば、小集団としての学級は固有の性質を有する。

　つまり、維持されるべき集団は与えられておらず、ばらばらの烏合の衆である学級を「学習という課題を共有する集団」にまで育成することは教師の課題である。そのような中で集団維持機能は集団形成機能とする方が適切と考えられるようになった（片岡徳雄他、1970）。なぜなら、その学級・授業を担当する教師のリーダーシップによって異なる集団構造を持つ学習集団として組織されるからである。学級集団は学級担任の学級経営、学級づくりの理念や指導方法に規定され、学習集団の構造や機能の特質は決定される。

①課題遂行機能 ──────── ②学　力（教職専門の知識）
　　　　　　　　　　⇧ ⇩
④集団維持（形成）機能 ──── ③社会力（学習行動様式）

図11-1　授業集団の構造と機能

　さらに、集団維持（形成）機能は学習者一人ひとりに他者との相互作用力ないしは社会力（social competence）を育成する。教師中心で、学習者を受け身の立場で学習させようとする一斉教授の場合は受動的学習者としての学習の行動様式を形成し、その形態を維持しようとする機能が重要視される。他方、自主協同学習では、司会、進行、発表、質問、解答、学習のまとめなどの行為が育ち、学習者が授業過程でそれらを発揮することが求められる。つまり教師の指導性のあり方によって、集団維持機能の内容もその過程で形成される学習行動も異質のものになる。

　授業集団の第1の機能は、教材・説話・発問・教材提示などにかかわる課題遂行的行動である。第2の機能は、授業の人間関係・全員参加・集団風土などにかかわる集団維持（形成）的行動である。大学の教職科目の授業の場合は両機能のアウトプットとして図11-1に示したように学力と社会力（学習行動様式）が形成される。

3）ワークショップ型教職授業

　「講義」と呼ばれる伝統的な大学の授業の場合、①課題達成機能とは、学習者たちが当該科目の教育・学習内容を理解し知識、技能、観念などを内面化することである。そのためには、教材自体の善し悪し、学習者と講義者の相性、教材の難易度、あるいは教材提示の適切性、教師の話法の善し悪し、説明の仕方の善し悪しなど多くの要素が適正に機能しなければならない。従来の授業改善研究の視点は、これら課題遂行機能に関する要素に置かれ、それらを授業改善の主たる対象とする傾向があった。そして、課題遂行機能が適正に働けば学力が高まり、それによって学習意欲が増し集団維持機能も高

まる、という仮説があったように思われる。図11-1の①→②→③→④という時計回りの順である。

自主協同学習の適用によるワークショップ型教職授業は、④→③、①→②というアプローチである。すなわち、集団維持（形成）機能を高めることで、学習者の学習意欲を高めるとともに社会力（教師行動力）を高め（④→③）、課題達成機能を高めることで学力（教職専門の知識）を付ける（①→②）、という双方向性である。課題達成機能と集団維持（形成）機能とは独立した集団機能であり、それぞれ別の要素によって規定されるから、双方を同時に高める授業開発を行う。

第2に、ワークショップ型教職授業では、学力を二重構造で捉える。つまり、当該科目としての学力と授業形態によって形成される「隠れたカリキュラム(hidden curriculum)」による学習行動様式である。その「隠れたカリキュラム」をオーバート（overt）にし、第2の目的機能として、学習行動様式＝教師行動様式を教職の講義過程で形成しようとするのが本授業改革のめざす重要なポイントである（講義形式の授業過程においても、受講者は講義者の教授行動をモデル学習することはあろう。しかし、これはあくまでも隠れたカリキュラムとしての学習であり、その講義の目的として意図されたものではない）。

2　一般大学における教師養成の問題
1）「子ども学部」の教職カリキュラム

筆者が所属する中国学園大学子ども学部（岡山市）を事例に教員養成系以外の大学学部の教員養成について概観しておこう。子ども学部の教育課程は、子ども学に関する科目とそれに一部含まれる保育士・幼稚園教諭・小学校教諭の資格に関する科目が配列される。教員免許状に要求される科目の単位は、小学校教諭一種免許状の場合、免許法施行規則第66条に定める科目（8単位）、教職の意義等に関する科目（教職科目59単位）、合計67単位である。

2）受講者の背景

　教師はヘッドとして学級に配置され、リーダーシップを取ることが期待される。教師リーダーシップ行動の大まかな特質を挙げるならば、課題遂行的役割、集団維持的役割、統率的役割、模範的役割、などが優れていることである。教職の免許を取得しようとする者は、そのことを要求される。教職を志望する学生の背景となっている体験とは何か、整理してみると次の通りである。

　第1、教職を希望して入学してくる教員養成系大学・学部の学生のほとんどは、小・中学校時代に学級委員、児童会の役員、などを体験している。この体験は学生がめざす教師リーダーシップ行動の基礎として有効に働くであろう。

　第2、教員養成系大学の学生の教師志望の背景にあるのは、過去の担任教師とのよい人間関係である。彼らはなぜ教師になろうと思ったかという質問に対して、必ずと言ってよいほど、小学生時代の先生の思い出を語る。教師という存在への尊敬・信頼・愛着が教職選択の動機づけとなっている。

　他方、教員免許状の取得単位を揃えて開講し、教職免許の課程を用意する現代の一般大学の場合は、そのような小・中学生時代の体験を有しない学生が教職科目を受講している場合も少なくないであろう。受講生の中には、将来何かの役に立つかも知れないので取れるようであれば、教職免許もついでに取っておこうか、程度の意識しかない者もいる。

　教職にあまり魅力を感じてはいないが「教員免許状を取れるなら取っておこうか。」という場合は、教師の役割行動に自分を置き換え、授業者として振る舞うことが容易でない者も含まれる可能性がある。

　このような学生に対しては、教育実習校は、十分な指導体制を準備しておかなければならない。しかし、附属学校を持たない中国学園大学のような場合は、「母校実習」ということで公立学校に教育実習を引き受けていただく。教育実習を学校が目的の一つとしておらず、したがって、施設設備、実習指

導者の加配もされていない普通の公立学校へ、自分を教師として認識しきれていない学生を実習生として送り込むことになる。公立校へ実習に出かける学生の場合は、大学におけるより一層の教育実習への準備が求められているのである。

そのために、大学における教職科目の授業を通して、教師コミュニケーションの要素となる教師リーダーシップ行動、「説明」「司会」「発表」「応答」「板書」「ノートの工夫」などをトレーニングしようというのが本授業開発のねらいである。

教職専門科目は、教職の知識を身に付けさせるだけではなく、教師としての役割行動を同時に教育するものでなければならない。その観点からの授業づくりを以下考察する。

3　授業のinput-outputモデルによる授業の変革

図11-2に示した授業変革の操作モデルについてみる。ワークショップ型教職授業への変革はこの操作モデルによっている。

MGRNは、授業過程を規制する4つの次元、方法（Method）、目的・内容（Goal）、役割・組織（Role）、集団規範（Norm）の頭文字をとったものである。授業の改善は、この4つの次元への授業技術の導入による。従来の大学の授業改善はM・G次元に焦点化されていた。しかし、講義は教師と複数の学生による相互作用過程である。したがって、授業の目的や内容によらず教師と学習者との人間関係、学生同士の関係などによって規制される。受講生全員が学習に意欲的に取り組めるような関係を形成し維持することが重要になっ

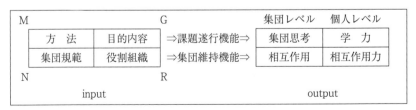

図11-2　授業変革のinput-outputモデル

てくる。どのような集団規範を学習者に内面化（internalize）させ、学習集団に制度化（institutionalize）するか、また、その集団規範が授業の集団過程で実現可能な集団組織や役割をいかに組織するかが重要になる。これは、RN次元の問題である。ワークショップ型教職授業はRN次元の変革を焦点とする授業の開発である。

　次に、図式outputの4次元は次の通りである。授業のoutputは「集団レベル」と「個人レベル」、「課題遂行機能」と「集団維持機能」の組み合わせから図11－2のようになる（Hare, A. P. 1976）。授業の産出は「学力」と同時に「相互作用力」で捉えられる必要がある。講義の形態は教師としてのリーダーシップ行動の形成にかかわる。端的に言えば一斉講義方式では受動的な学習態度を体験し、自主協同学習では、学生は能動的な学習指導行動を体験する。つまり後者は、大学の授業を通して教師としての指導行動を体得することにつながる。

4　ワークショップ型教職授業の実際
1）授業の概要

　講義室へチャイム前に出向くと、すでに発表係が前の黒板や移動式のホワイトボードに発表準備をしている。他の学生は発表者の板書される要約をノートに写しながら、質問を考えるという作業を始めている。チャイムと同時に、担当者は出席を取る。発表準備が終わると司会者が前に出て、発表係に発表を促す。発表班が全体発表を行う（教科書の発表部分の朗読とその要約）。5分間発表について各班で質問を考える。司会者が質問班から質問を受ける。要点は司会者によって、板書される。発表班によって答えが出される。講義担当者による補足説明（10分程度の講義になる場合もある）。「全体発表〜グループでの話し合い〜質問〜担当者による補足説明」は講義時間中に2ないしは3クール程度なされる。

　次時の発表班、司会班の確認と教科書の頁（約3頁程度）を確認して90分授業は終わる。以上が学生による協同学習形態のワークショップ型教職授業

の概要である（詳しい授業過程は、髙旗、2010参照）。

2）ワークショップ型教職授業の導入

履修届を提出する前の下見の授業時間に、教職ワークショップ型の授業を行う旨説明を行う。教師という職業は、コミュニケーションを中心に成り立っている。しかもそれは１対１のコミュニケーションではなく、１対教室全体、１対複数の学習者を対象とするコミュニケーションである。具体的には、説話、問答、司会、質問、進行、まとめなどの学習内容に関連するコミュニケーションである。そのトレーニングの機会を大学の教職科目の授業で行おうというのが、この講義の目的であること、教科目の理解や知識の習得と同時に先のような内容のコミュニケーション力を育成するために授業の形態を学生中心の自主協同学習形態に変えることを理解させる。

自主協同学習形態の授業とは次のABC ３種の資料に見られるような展開がなされる授業である。学生に手渡す３種の資料によって示す。

A．授業の前提

・学生と教師が授業を創る。
・授業の評価は学生の学習で。
・協同で学ぶ：話し合ってみんなが高まる活動を！
・他者の学習に対しての何らかの貢献を常に心がける。

1．この授業の目的：教科書から基礎的な知識を学習する。
2．学習課題：教科書からつくる。２〜３の課題を解決することでテキストの一部をマスターすることのできる課題の作成；疑問に思うこと、考えてみたいことを学生が提起する。
3．学習の過程：
1）家庭学習（前時に残された問題、または教科書の次の部分を読み、疑問点を探す）

2）授業の開始：司会係が本時の進め方を指示する。
3）相互点検：学習課題について小グループで相互に点検する。家庭学習ができていない場合は、個人学習で課題についての一応の考えをつくってから小集団での相互点検に入る。
4）発表準備：発表班が行う。発表者は班の別の学生としてもよい。小黒板、小ホワイトボード、黒板などで提示できるようにする。
5）発表と質疑：代表が全員に発表する。質問係が質問を出す。
6）全体で集団思考：小集団に持ち帰って解答を考える場合もある。
7）教師の出番：話し合いに教師も加わる。
8）本時のまとめ：まとめの係または教師が行う。
9）次時の学習課題の確認：教師が行う。
10）本時の感想を各自のノートに記す。
4．学習班の編成：司会係、発表係、質問係など（受講者を数名からなる班に編成し、毎時間ローテーションで係りの役割を交代する。班の編成は出席簿の順番に講義担当者が決める）。
5．学習ノートの工夫：学習課題、家庭学習（個人思考の結果）、話し合いの結果変化した点、感想といったカテゴリーをつくる。ルーズリーフ1ないし2頁で。
6．筆答試験による個別評価を行う。

B．個人ノート

授業前
1．教材（教科書の指定箇所など）の全体を読み個人の疑問点をノートする。
2．言葉を調べる。英語の単語を調べるように辞書等で調べてノートに整理する。
3．教材指定箇所の著者の意図またはこの節の要点を自分の言葉でまとめる。

感想や意見ではなくて書いた人（著者）の考えを自分の言葉で言い直す。

授業中
4．小集団や全体での意見を聞きながら思いついたことや考えたことを書き留める。
5．授業についての自己評価；この授業で理解できたこと、わからなかったこと。

ノートの形式
次のようなカテゴリーを大学ノート2頁を使ってあらかじめ作っておくとよい。
1．教材と学習課題
2．疑問点、学びたいこと（自分として）
3．小集団の話し合いで気付いたこと
4．全体の話し合いで気付いたこと
5．自己評価と授業の感想
6．次の時間の学習課題

C．SGD（small group discussion）

基本的態度
1．メンバーは対等；自由な発言、支持的風土づくり
2．他者の発言をよく聞く、相手の立場に立って話す。
3．質問や疑問を禁止したり制止したりしない。
4．他者との対立点やズレを見つけるようにする。
5．意見の変容が常に可能であることを前提に話し合うこと。

ディスカッションの進め方
1．司会者を置く。
2．本時の学習課題を確認する（最初の時間は課題を作る）
3．言葉の理解について

4．教材の要旨の理解：何が書かれていたか。
  ・自分の言葉で書いた内容を紹介し合う。
5．課題について発表準備
  ・例：伝達観と助成観の違いは？
      現代の学校教育はどちらの教育観？
6．当日の係による全体への発表

　講義担当者によって、以上のような新しい授業実践の手続きを準備しプリントして受講生に配布する。しかしこのプリントの細かい内容は逐一説明はしない。
　まず、担当者が一方的に、出席簿の順番に５名ずつの班をつくる。次に、教科書の来週の学習部分を告げ、司会係と発表係の班を決め、他の班は全員予習をし、疑問を持って授業に臨むよう指示する。大体５週目あたりから、発表・司会に慣れてくる。
　質問が不十分なところは担当教員の出番となる。まとめの段階で教員が自問自答することで、授業内容の不足が生じた部分を補完する。この授業展開から求められる担当者の準備は、まずは教材理解である。学生の読みは多様であり、多様な質問や、また当然理解していると思われる用語の質問に出会うこともある。また、授業の集団思考を高めるためには教材の学習部分を的確に要約し学生に質問を返すことである。集団思考が深まらない授業は説明的で受講者の学習満足度を損なうことになる。もしこのような状況が続くならば、学力は定着せず、授業への満足度も低下し、学生中心の授業はマンネリ化の中で崩壊するであろう。その意味において、学生中心の授業といいながら、教材の質と講義担当者の指導性はきわめて重要であると言える。

3）受講生による授業評価

・自分が授業をすることにより、指導力もついてくるし、どうやったらわかりやすいかなど、質問に自ら答えるのはとても自分のためになると思いま

した。授業内容についてはとても深く「教育」について学ぶことができました。人間の基本的なことまで学べてよかったです。……。
・みんなの前で教科書を説明することは、自分自身も内容をしっかり理解しておかないといけないので教科書をしっかり読むきっかけができました。また、班で内容を話し合う、自分の意見を出し合う点でも力になる授業だと思いました。わかりやすく説明する難しさも学ぶことができました。

　２人の受講生の授業評価を引用したが、大半の受講生がまずは、教職科目としての内容理解や専門的な書物の読解力の習得という面にポジティブな評価をした。さらに、本授業開発がねらった教師のリーダーシップ行動の形成に関しても肯定的な評価がかなり認められた（髙旗、2010参照）。大学の授業開発の結果（図11-2のoutputの４次元）の評価をどのように行うか、その方法と技術の精緻化については今後の課題としたい。

　本章は髙旗正人「非教員養成系大学・学部におけるワークショップ型教職授業の開発―自主協同学習論による―」日本協同教育学会編『協同と教育』第７号、2011年、24～34頁を再録した。

参考文献
片岡徳雄・桜井中学校共著、1970『小集団による授業の改造』黎明書房、22頁
髙旗正人、2010「自主協同学習による大学授業の改革」中国学園紀要第10号参照。
Bales, R. F. 1950: Interaction Process Analysis: A Method for the Study of Small Groups.
Addison Wesley Press.
Hare, A. Paul, 1976: Handbook of Small Group Research (Second Edition), The Free Press, pp.11-13.
Ober, R., Bently, E. L and Miller, E. M. 1971: Systematic Observation of Teaching, Prentice-hall. pp. 39-40.
北村尚雄、1981「Oberによる測定」髙旗正人編著『講座自主協同学習　第３巻自主協

同学習の導入と測定』明治図書、183〜190頁参照。Oberの10のカテゴリーからなる相互作用の類型を4つの部分マトリックス(「教師から教師」「教師から子ども」「子どもから教師」「子どもから子ども」)に整理すると、中学校の授業において、一斉教授形態の場合と自主協同学習(集団学習)とでは大きな違いが生じている。

集団学習	T → T 37.7%	T → P 13.3%	一斉教授	T → T 37.2%	T → P 26.4%
	P → T 13.9%	P → P 35.1%		P → T 27.4%	P → P 9.0%

R. Oberの相互作用カテゴリー(RCS)の概要は次の図の通りである。

教師	カテゴリー	生徒
1	風土を暖める	11
2	受容する	12
3	他者からの働きかけを拡大する	13
4	誘発する	14
5	応答する	15
6	教示する	16
7	指導する	17
8	訂正する	18
9	風土を冷やす	19
10	沈黙と混乱	10

著者略歴

髙旗　正人（たかはた まさと）

岡山大学名誉教授
博士（教育学）
専攻：教育社会学・教育方法学
日本協同教育学会名誉会員

1937年　岡山県倉敷市に生まれる
1960年　岡山大学教育学部卒業
1966年　広島大学大学院教育学研究科博士課程修了
主編・著：『自主協同学習論』明治図書出版，1978年
　　　　　『講座 自主協同学習』全3巻　明治図書出版，1981年
　　　　　『パーソンズの教育規範』アカデミア出版会，1996年
　　　　　『教育実践の測定研究』東洋館出版，1999年
　　　　　『学級経営重要用語300の基礎知識』明治図書，2000年
　　　　　『「生きる力」を育てる教育へのアプローチ』黎明書房，2002年
　　　　　『論集「学習する集団」の理論』西日本法規出版，2003年
　　　　　『論集　子どもと学校の理論』ふくろう出版，2007年
　　　　　『授業の社会学と自主協同学習－分析と実践－』ふくろう出版，2011年

JCOPY 〈(社)出版者著作権管理機構 委託出版物〉

本書の無断複写(電子化を含む)は著作権法上での例外を除き禁じられています。本書をコピーされる場合は、そのつど事前に(社)出版者著作権管理機構(電話 03-3513-6969、FAX 03-3513-6979、e-mail: info@jcopy.or.jp)の許諾を得てください。
また本書を代行業者等の第三者に依頼してスキャンやデジタル化することは、たとえ個人や家庭内での利用であっても著作権法上認められておりません。

回想　自主協同学習による
アクティブ・ラーニングの開発

2018 年 5 月 30 日　初版発行

著　者　　髙旗　正人

発　行　　ふくろう出版
　　　　　〒700-0035　岡山市北区高柳西町 1-23
　　　　　　　　　　　友野印刷ビル
　　　　　TEL：086-255-2181
　　　　　FAX：086-255-6324
　　　　　http://www.296.jp
　　　　　e-mail：info@296.jp
　　　　　振替　01310-8-95147

印刷・製本　友野印刷株式会社
ISBN978-4-86186-717-0 C3037
ⓒ Masato Takahata 2018

定価はカバーに表示してあります。乱丁・落丁はお取り替えいたします。